武田塾 合格逆転
一冊逆転プロジェクト

# 古典文法
# スピード・インプット

SPEED INPUT

学びエイド・河合塾講師
佐藤総一郎 著

武田塾教務部長
中森泰樹 監修

旺文社

# はじめに

## 一冊逆転のための5か条

武田塾が提唱する、勉強をする際に絶対に意識してほしいことを5つにまとめました。正しいやり方を守って勉強すれば、成績が劇的に上がります。勉強のやり方から学んで逆転合格を勝ち取りましょう！

### 1 「わかる」「やってみる」「できる」にこだわろう

勉強は最終的に自分でやることが非常に重要です。授業を聞いたり、解説を読んで「わかった」だけで終わりにしてはいけません。実際に自分で「やってみて」、「できる」ようにして初めて本当に身につきます。

### 2 復習は徹底的にやろう

一度正解した問題でも、時間がたてば完全に忘れてしまいます。受験は入試当日に解けるように学習することが必要です。一週間のうち新しいことを4日で、復習を2日で、確認のテストを1日で行うことで定着を図りましょう。

### 3 一冊が完璧になってから先に進もう

受験に間に合わせたいというあせりから、早く先に進みたいと思ってしまいがちですが、実際に受験に合格する人に共通するのは「ミスが少ない」ことです。誰でもできることを誰もできないくらいやりこむという意気込みで一冊の参考書を完璧にしてから先に進みましょう。

### 4 毎日の勉強はできるようになったと思えるまでやりこもう

単語の勉強をした、数学の勉強をしたという言葉は人によって達成の基準が大きく異なる場合が多いです。その日の初めに解けなかった問題が1日の終わりにどれだけ解けるようになったのかということを達成の基準に考えましょう。できることが増えているという自信が、この先も勉強を続けていく原動力となります。

### 5 毎日続けて、勉強を習慣化しよう

勉強は1日だけ頑張れても、次の日からやらなくなってしまえばやったことをすぐに忘れてしまいます。受験に限らずどんなことでも毎日継続して、着実に積み上げるということは非常に重要です。毎日当たり前にやっている歯磨きのように、日々勉強をすることが当たり前になるように継続していきましょう。

武田塾　教務部長　中森泰樹

▼本書籍のおススメポイントをもっと知りたい人はこちら！

突然ですが、私は古文の「専門家」ではありません。そんな私がどうして本書を著したのかというと、「高校の学習範囲の古文文法のうち、入試に出るところだけをわかりやすく書いたものが欲しい」という意見に共感したからです。これを言ってくださったのが武田塾の中森さんでした。

話は急に変わりますが、ある時私が悩んでいたことがあります。学生たちに古文単語の成り立ちを説明して理解の助けにしようと思っていたのですが、学説が分かれているところも多く、自分の説明に学術的な不備がないか師匠の土屋博映先生にお伺いをたてました。すると師匠は開口一番言うのです。

「そうちゃん、君の仕事はなんだい？　予備校講師でしょう。何を学者ぶってかっこつけているんだ。学術的なことは専攻に進んで学べばいい。大学受験範囲で学生が理解しやすいことが第一ではないのかい」

私ははっとしました。学術的な説明は大学や大学院で「専門家」に任せることにして、まず私は高校の学習範囲内でできることを思い切ってしまおうと思ったのです。私は古文の「専門家」ではないけれど、大学受験を目指す学生さんたちのことはずっと観察してきました。入試も研究してきたつもりです。そこで自分ができることはなんだろう、という試行錯誤の結果が本書だと言っていいと思います。

本書では、古文文法の全範囲を扱いつつ、入試や定期試験に出題される箇所を強調するようにしました。また、学生さんたちが理解しやすいよう、くだけた表現を用いたり、現代語に関連させて理解できるような説明を心掛けたりしました。そして「試験本番で役に立つ」ことを意識して問題演習はすべて入試問題を用いました。

こうして改めて書いてみると、本書は「普通のこと」しか書いていませんね（笑）。でも、普通が一番大事なのです。普通の積み重ねが難問を突破します。本書を三回繰り返してみてください。きっと成果が得られるはずです。

本書を著すにあたり、旺文社の編集者さま、校正者さま、多くの皆様のお力添えを頂戴いたしました。相澤理先生、友次正浩先生はじめ多くの先輩講師からもアドバイスを頂戴いたしました。心より御礼申し上げます。

学びエイド講師　佐藤総一郎

▼中森教務部長と佐藤先生の対談動画を見たい人はこちら！

# 古文の勉強法

ハァ
なんでだろう
30
古文キライ
それはね
ポン
まず問1は傍線部の中の「聞こえさせたまふ」の「聞こゆ」を本動詞で取っているところはいいんだけど「させ」が尊敬だった場合の選択肢を選んで間違えているのですよ
この文では使役の意味になるから主語は桐壺じゃなくて答えは①になるわけ……
ベラベラ
ベラ
???
なにこのブタ
ベラ
ベラ
ベラ
その子はただのブタじゃないよ
こんなところにいましたか
日本一古文に詳しいブタこぶたんだよ
ちなみに私のペットでもある
どーん
どうも古文講師の佐藤です

## 古文学習の4要素

**単語**
現代語と意味が違う言葉も多く避けては通れない。

**文法**
意味を正しく読み取るための知識。助動詞、敬語は特に重要。

**古文常識**
平安貴族や宮中の人々の慣習。読解の手がかりになる。

**読解**
入試のウエイトが高く、知識や文脈把握を総動員し取り組む。

| 8月 | 7月 | 6月 | 5月 | 4月 | |
|---|---|---|---|---|---|

**単語**　3か月で基礎となる300語を頭にたたきこもう！ざっくりでOK！

**文法**　3か月で古典文法のドリルなどを1冊仕上げよう！ざっくりでOK!

**古文常識**　1か月で便覧などを読んでノートにまとめてみよう！

**読解**　読解方法を解説した参考書を1冊仕上げよう！

### 間違いを恐れない

私大や国公立大学二次試験の合格点はおおよそ60－70%です。一つの間違いを恐れず、どうすれば正解できるか、あるいは今は正解が難しいか、見極めながら勉強しよう。
基礎を固めれば合格点は取れます。

### 悩むよりは、軽くを繰り返す！

やりながら覚える。一か所にとどまっていると逆にわからなくなることがあります。逆にある程度進んだ後にハッと気づいて理解できることも。まずは「そんなもんか」から。

### 出やすいところから覚える！

効果を実感すると前向きになれる。わからないところも理解しやすくなる。つまり優先順位をつけることが大切です。

# 古文学習のロードマップ

| 1～3月 | 12月 | 11月 | 10月 | 9月 |
|---|---|---|---|---|

読解に入ってからも継続して復習し、完璧に定着させておこう。文章の中のわからない単語はノートに書きだして覚えていこう。

本文や設問でどんなことがどう問われているかを確認し、元の参考書に戻って問題で問われていることが答えられるように復習しよう。

読解学習に重点を移し、未習の古文常識が登場したら、ノートにまとめて振り返ろう！

志望大学／同レベルの大学の入試過去問を解こう。（目標50題！）

試験本番！

ここまできたら
体調管理を
しっかり
しておこう！

### ここで初めて「完璧」を目指す

実は「完璧」はあり得ません。人がすべての知恵を持つことはできないからです。でも、やったことを確実に定着させることは（難しいけれど）できそうです。高得点が取れるようになったら、最後はここを目指しましょう。本番でもリードを作れる科目になるはずです。でも、他科目とのバランスも大切に。

### 細部にも目を向ける

ある程度点数が取れてきたら細かいところまで気をつけてみよう。重要事項はすぐに復習しよう。

ちょっと
そのテスト
かして
ハイ
ナルホド
フムフム
これは文法だな
文法の勉強は
しっかりやって
いますか
ハハ
いや
文章は大体
わかるんで……
フィーリングっス
ゴゴゴ
ゴゴゴゴ

## 文法はどうして必要？

**精読するため**

古文は日本語なので、ある程度は文法がわからなくても読める。だからこそ、問題で問われるのは**精読が必要な箇所**が多い。つまり、高得点には文法を避けて通れないのだ。

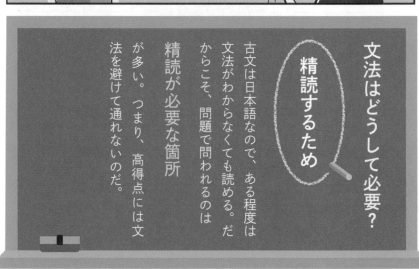

文法って助動詞のことですよね？
るらるすさす
甘い
確かに助動詞が最頻出の分野であることは間違いないけど助動詞を理解する前提として用言や活用の理解が必要なのです
それに一口に助動詞と言っても「意味」を問うだけじゃなくて「活用」や「接続」の問題もあるし「判別」の問題も頻出
それに文法なら「敬語」や「助詞」だって……
ペラペラ
ペラペラ
つまり文法の勉強はバランスなんです
バランス
どっかで聞いた気がする……
デジャブ

実は俺
暗記が苦手で……
泣くほどか？
古典文法で
暗記は避けられないけど
方法はありますよ
え！

## 古典文法の暗記方法

**❶ 音読する**

活用の暗記に最適。周りの迷惑にならない場所でやろう。

**❷ ゴロで覚える**

助動詞の意味などの暗記に最適。「スイカ止めて」「りかちゃんサミシイ」など有名なゴロが多数ある。

**❸ 要点整理ブックを使う**

赤シートなどで隠しながら、重要事項が暗記できたか確認できる。

古典文法の解説が
コンパクトにまとまっていて
重要暗記事項の
整理ブックがついて
動画の解説もある本なんて……
ないですよね……
実はあるんです
ジャーーン!
古典文法
スピード・インプット
SPEED INPUT
おおお
わざとらしー
さあ
この本で一緒に
頑張りましょう
はい
ヤレヤレ

# 目次

スタッフ
編集：江尻寛子、竹内元樹
編集協力：そらみつ企画
本文イラスト：アカツキウォーカー
装丁デザイン：金井久幸（Two Three）
本文デザイン：大貫としみ（ME TIME LLC）

# 本書の特長と使い方

本書は、大学入試に最低限必要な古典文法を短期間で身につけることを目的としています。1冊で重要事項の「理解」「演習」「暗記」を行い、スムーズに読解へつなげることができます。

## 理解 文法解説

解説を読んで文法を理解します。

### 使用アイコン

POINT …必ず押さえておきたい重要事項

発展 …正答を導くコツなどの実践的な内容

### 活用表内の記号

〔 〕…奈良時代以前のもの、用例の少ないもの

（ ）…そのように表記されることもあるもの

〈 〉…用法の限られるもの

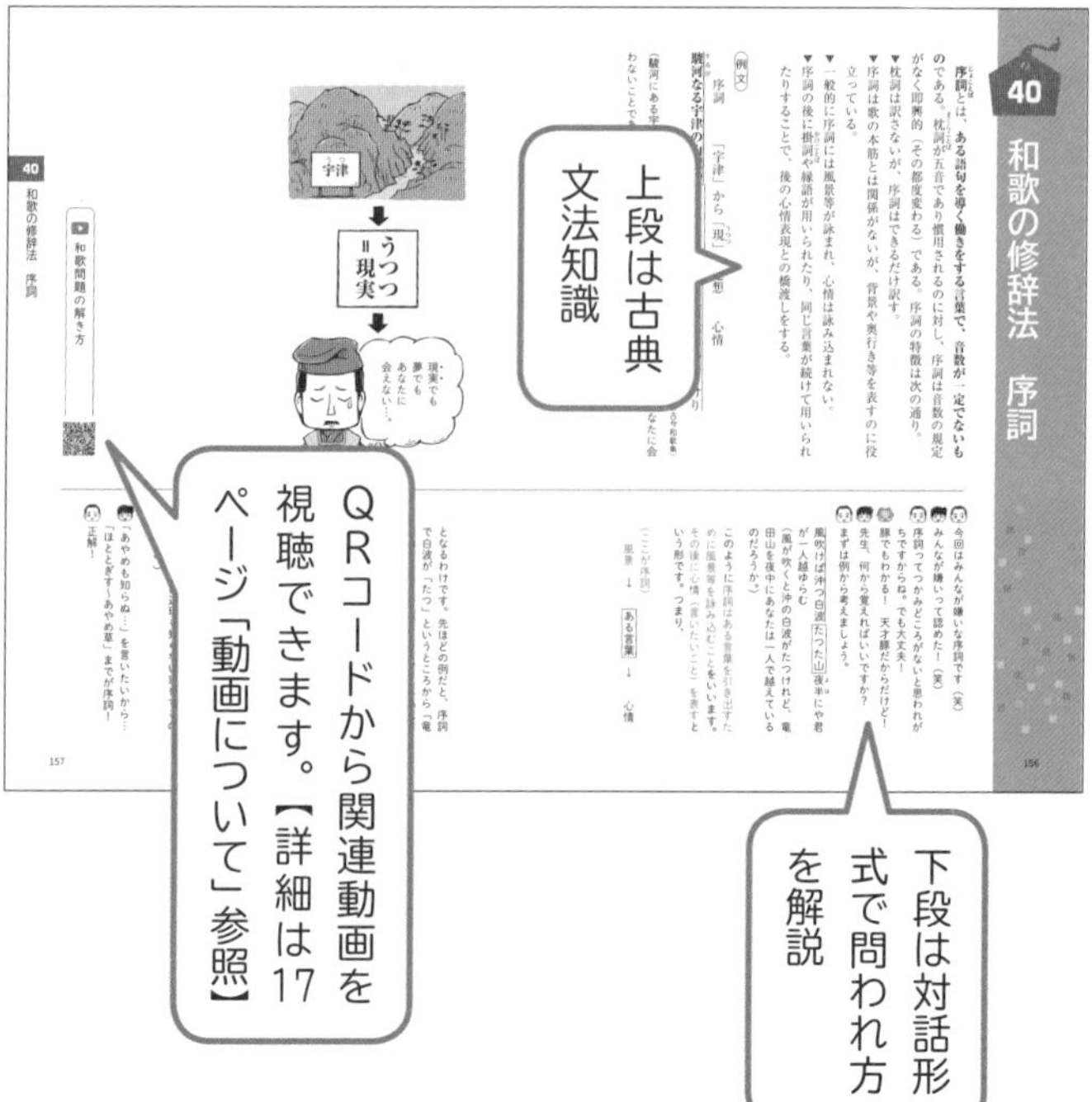
40
和歌の修辞法　序詞
上段は古典文法知識
下段は対話形式で問われ方を解説
QRコードから関連動画を視聴できます。【詳細は17ページ「動画について」参照】

## 演習 入試にチャレンジ

実際の入試問題を解いて、知識の活用の仕方、定着の確認をします。

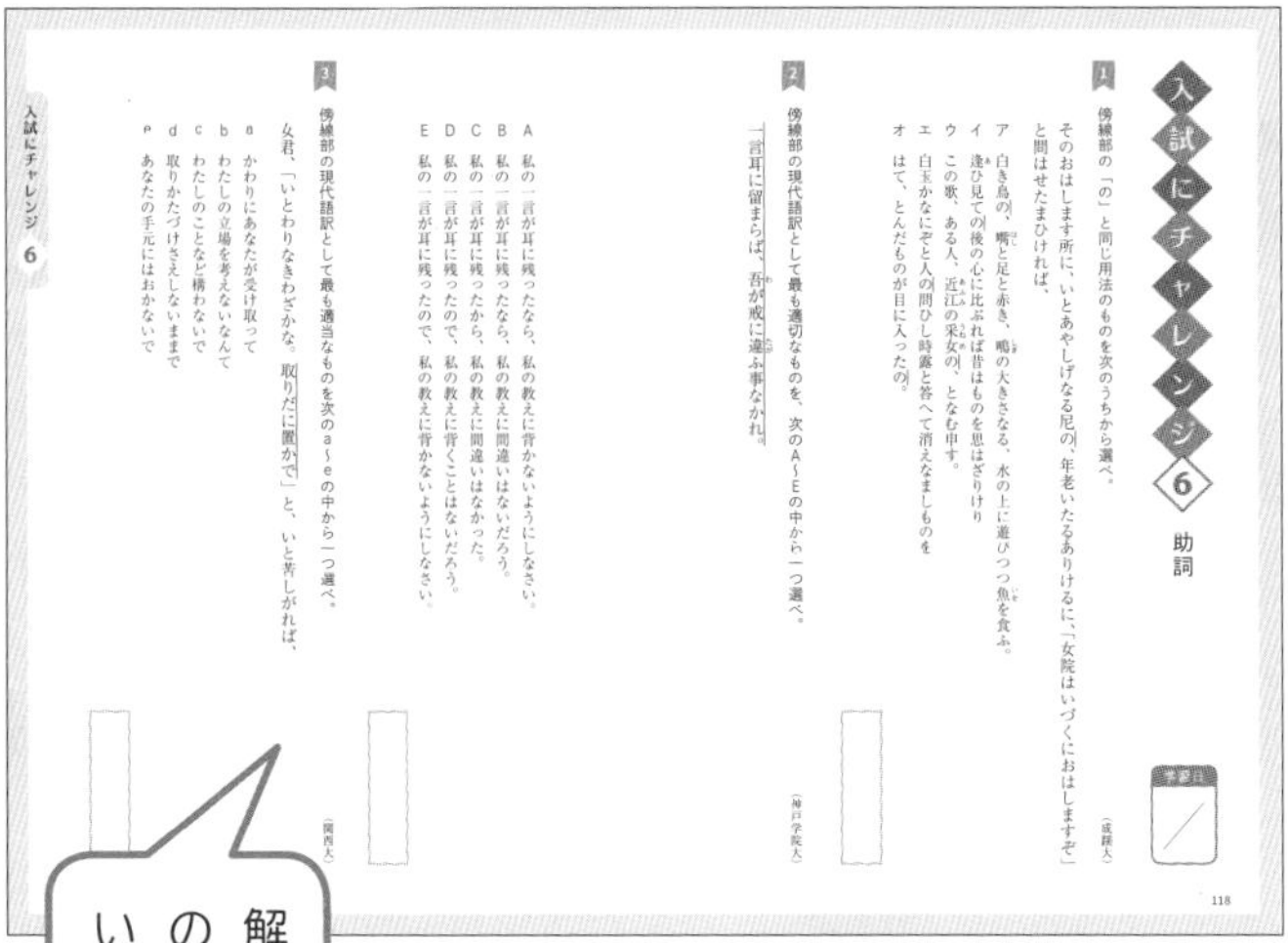

入試にチャレンジ 6 助詞

学習日 ／

1 傍線部の「の」と同じ用法のものを次のうちから選べ。

そのおはします所に、いとあやしげなる尼の、年老いたるありけるに、「女院はいづくにおはしますぞ」と問はせたまひければ、（成蹊大）

ア 白き鳥の、嘴と足と赤き、鴫《しぎ》の大きさなる、水の上に遊びつつ魚を食ふ。
イ 逢《あ》ひ見ての後の心に比ぶれば昔はものを思はざりけり
ウ この歌、ある人、近江《あふみ》の采女《うねめ》の、となむ申す。
エ 白玉かなにぞと人の問ひし時露と答へて消えなましものを
オ はて、とんだものが目に入ったの。

2 傍線部の現代語訳として最も適切なものを、次のA〜Eの中から一つ選べ。

一言耳に留まらば、吾《わ》が戒に違《たが》ふ事なかれ。（神戸学院大）

A 私の一言が耳に残ったなら、私の教えに背かないようにしなさい。
B 私の一言が耳に残ったなら、私の教えに間違いはないだろう。
C 私の一言が耳に残ったから、私の教えに間違いはなかった。
D 私の一言が耳に残ったので、私の教えに背くことはないだろう。
E 私の一言が耳に残ったので、私の教えに背かないようにしなさい。

3 傍線部の現代語訳として最も適当なものを次のa〜eの中から一つ選べ。

女君、「いとわりなきわざかな。取りだに置かで」と、いと苦しがれば、（関西大）

a かわりにあなたが受け取って
b わたしの立場を考えないなんて
c わたしのことなど構わないで
d 取りかたづけさえしないままで
e あなたの手元にはおかないで

118

入試にチャレンジ 6

解答解説は問題の後に収録しています。

## 暗記 別冊 重要暗記事項整理ブック

本書に掲載している文法知識の中で、特に暗記しておくべき内容を一覧形式でまとめています。

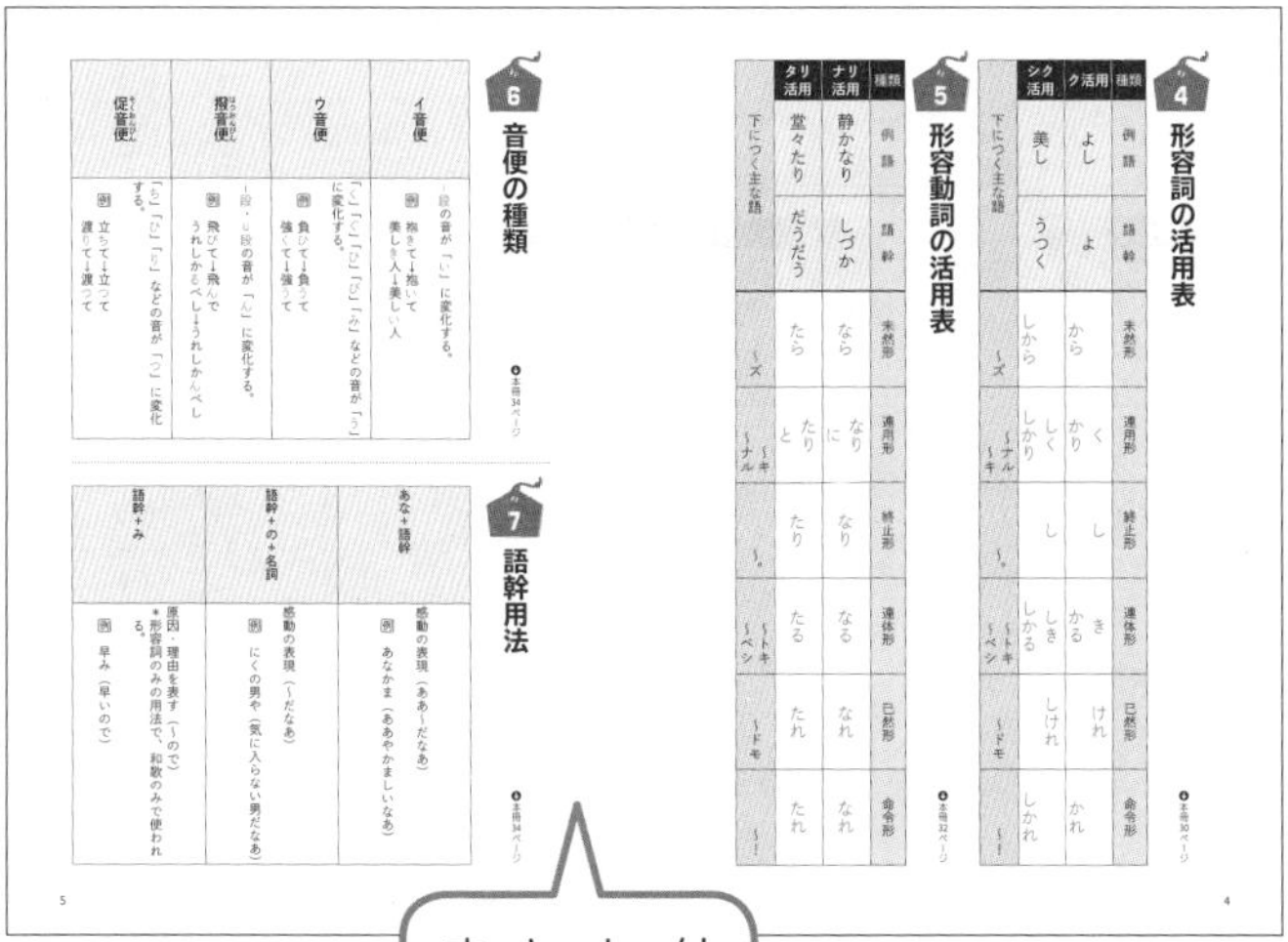

4 形容詞の活用表

| 種類 | 例語 | 語幹 | 未然形 | 連用形 | 終止形 | 連体形 | 已然形 | 命令形 |
|---|---|---|---|---|---|---|---|---|
| ク活用 | よし | よ | から | く かり | し | き かる | けれ | かれ |
| シク活用 | 美し | うつく | しから | しく しかり | し | しき しかる | しけれ | しかれ |
| 下につく主な語 | | | 〜ズ | 〜ナル 〜キ | 〜。 | 〜トキ 〜ベシ | 〜ドモ | 〜！ |

本冊30ページ

5 形容動詞の活用表

| 種類 | 例語 | 語幹 | 未然形 | 連用形 | 終止形 | 連体形 | 已然形 | 命令形 |
|---|---|---|---|---|---|---|---|---|
| ナリ活用 | 静かなり | しづか | なら | なり に | なり | なる | なれ | なれ |
| タリ活用 | 堂々たり | だうだう | たら | たり と | たり | たる | たれ | たれ |
| 下につく主な語 | | | 〜ズ | 〜キ 〜ナル | 〜。 | 〜トキ 〜ベシ | 〜ドモ | 〜！ |

本冊32ページ

4

6 音便の種類

| | |
|---|---|
| イ音便 | 段の音が「い」に変化する。 例 抱きて→抱いて 美しき人→美しい人 |
| ウ音便 | 「く」「ぐ」「ひ」「び」「み」などの音が「う」に変化する。 例 負ひて→負うて 強くて→強うて |
| 撥音便《はつおんびん》 | 段・段の音が「ん」に変化する。 例 飛びて→飛んで うれしかるべし→うれしかんべし |
| 促音便《そくおんびん》 | 「ち」「ひ」「り」などの音が「っ」に変化する。 例 立ちて→立って 渡りて→渡って |

本冊34ページ

7 語幹用法

| | |
|---|---|
| あな＋語幹 | 感動の表現（ああ〜だなあ） 例 あなかま（ああやかましいなあ） |
| 語幹＋の＋名詞 | 感動の表現（〜だなあ） 例 にくの男や（気に入らない男だなあ） |
| 語幹＋み | 原因・理由を表す（〜ので） ＊形容詞のみの用法で、和歌のみで使われる。 例 早み（早いので） |

本冊34ページ

5

付属の赤セルシートを使って、暗記とチェックができます。

# 登場キャラクター紹介

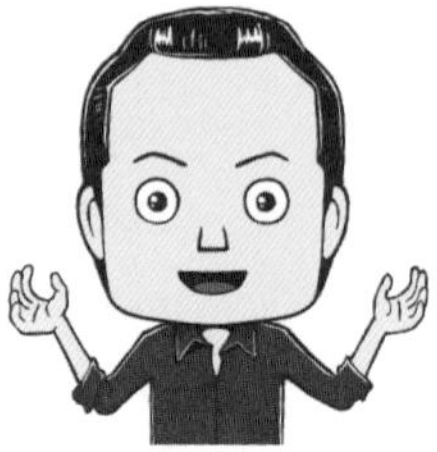

**佐藤先生**
古文講師。この本の著者であり、こぶたんの飼い主でもある。

**こぶたん**
佐藤先生の飼いブタ。先生の授業を聞いているうちに古文に詳しくなった。

**タツヤ**
高校三年生の男の子。大学受験を控えているが、古文の成績がなかなか上がらない。

# 付属動画

暗記法や活用などの音読の仕方、文法問題を実際に解く過程の実況解説をしている動画です。

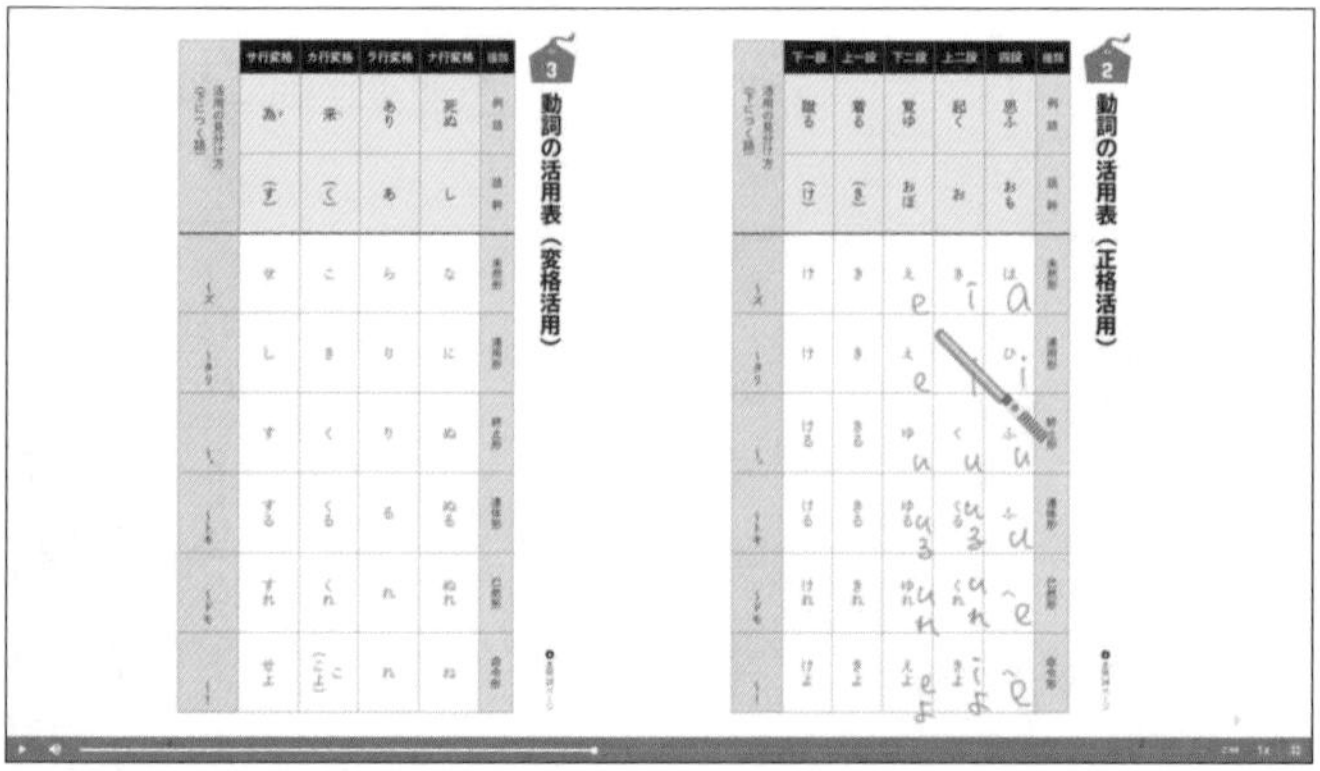

# 動画について

本書では、文法解説の一部ページで、著者の佐藤総一郎先生の説明動画を視聴することができます。以下の手順に沿って、動画にアクセスしてください。

## QRコードから ➡ 各項目の説明動画へ

視聴したい動画タイトルの下のQRコードを読み取る

↓

シリアル番号「382729」を入力する

↓

該当の説明動画を視聴することができます。

## ブラウザから ➡ 説明動画一覧へ

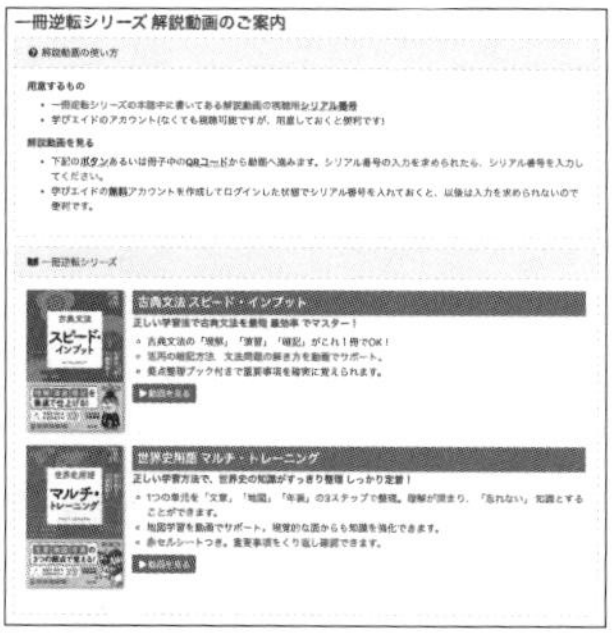


下のQRコードを読み取るか、アドレスを入力する

https://www.manabi-aid.jp/service/gyakuten

↓

「動画を見る」をクリック

↓

シリアル番号「382729」を入力する

↓

説明動画一覧が表示されるので、視聴したい動画をクリックしてください。

**推奨環境**

- PC環境
  OS：Windows10以降 あるいは macOS Sierra以降
  Webブラウザ：Chrome / Edge / Firefox / Safari
- スマートフォン / タブレット環境
  iPhone / iPad iOS12以降の Safari / Chrome
  Android 6以降の Chrome

1

# 仮名遣い

## 歴史的仮名遣い

古文では現代の仮名の使い方とは異なる、**歴史的仮名遣い**が用いられる。そこでまず押さえるポイントは**表記**と**読み方**である。表記は学びながら慣れればほぼ問題ないので、ここでは特に気をつけたい読み方の法則に絞ってまとめる。

| 歴史的仮名遣い | 読み方 |
|---|---|
| 語頭ではない「**は・ひ・ふ・へ・ほ**」<br>例　あはず（逢はず）<br>あひだ（間）<br>おもふ（思ふ）<br>かへし（返し）<br>おほす（仰す） | 「**ワ・イ・ウ・エ・オ**」<br>「アワズ」<br>「アイダ」<br>「オモウ」<br>「カエシ」<br>「オオス」 |
| 「**くわ**」・「**ぐわ**」<br>例　くわじ（火事）<br>もんぐわい（門外） | 「**カ**」・「**ガ**」<br>「**カ**ジ」<br>「モン**ガ**イ」 |

まずは歴史的仮名遣いから学習をはじめましょう。

上の表って覚えて意味あんの？　俺無駄なことしたくないんだよね。

…

うんうん。たしかにそういう疑問を持つ人も多いんですよ。では試しにこの文を読んでみましょうか。

世を捨てたるほふしの心地にも…

この「ほふし」って何だかわかるかな？

ホ不死??　不死身の何かか？

そんなわけないダロ！

ふふふ（ニヤリ）。そこで上の表の出番なわけです。

あ！　「語頭ではない『は・ひ・ふ・へ・ほ』は『ワ・イ・ウ・エ・オ』と読む」かな。ってことは…「ほうし」→「法師」!?

| | |
|---|---|
| ワ行の「ゐ・ゑ・を」<br>例 ゐる（居る）<br>こずゑ（梢）<br>をとこ（男） | 「イ・エ・オ」<br>「イル」<br>「コズエ」<br>「オトコ」 |
| 「a」「i」「e」の各母音＋「u」<br>「あう」<br>例 まうす（申す）<br>「いう」<br>例 いうげん（幽玄）<br>「えう」<br>例 えうなし（要無し）<br>てうづ（手水） | 「オウ（オー）」<br>「モウス」<br>「ユウ（ユー）」<br>「ユウゲン」<br>「ヨウ（ヨー）」<br>「ヨウナシ」<br>「チョウズ」 |
| 「ぢ」・「づ」<br>例 ぢん（陣）<br>しづか（静か） | 「ジ」・「ズ」<br>「ジン」<br>「シズカ」 |
| 「む」 | 「ン」 |
| 促音《そくおん》、拗音《ようおん》の「つ」「や」「ゆ」「よ」 | 「ッ」「ャ」「ュ」「ョ」 |

大正解♪

そっか！ 上の表のルールを頭に入れておけば、読み方がすぐにわかって文が理解しやすくなるんですね！

もちろん上の表を丸暗記すればそれでいいわけじゃなくて、単語などの知識も必要にはなるんですが、こうした基礎事項の積み重ねが大切なのですよ。すべては基礎に通じていますからね。

数学がわからないと数学がわからないのと同じですね。そんなことも考えないで「意味あんの？」とか言ったんですか？

うー…。

いやいや、タツヤくんの言った「意味あんの？」はとっても大切な疑問なのですよ。学習する内容がテストでどう役立つか意識することは、何をどう学べばよいかをわかりやすくしてくれるんです。この下段では、上段で紹介した内容の重要なポイントをわかりやすく説明していこうと思っていますよ。

よろしくお願いします！

# 2 品詞の分類

## 品詞分類表

| 単語 | 活用 | | 意味・働き | 品詞 |
|---|---|---|---|---|
| 自立語 | 活用する | 用言 | 動作を表す | 動詞 |
| 自立語 | 活用する | 用言 | 性質や状態を表す（終止形の語尾が「し」「じ」） | 形容詞 |
| 自立語 | 活用する | 用言 | 性質や状態を表す（終止形の語尾が「なり」「たり」） | 形容動詞 |
| 自立語 | 活用しない | 体言 | | 名詞 |
| 自立語 | 活用しない | 修飾語 | 用言を修飾する | 副詞 |
| 自立語 | 活用しない | 修飾語 | 体言を修飾する | 連体詞 |
| 自立語 | 活用しない | 非修飾語 | 接続する | 接続詞 |
| 自立語 | 活用しない | 非修飾語 | 接続しない | 感動詞 |
| 付属語 | 活用する | | | 助動詞 |
| 付属語 | 活用しない | | | 助詞 |

〈主な用語〉

**自立語**…単独で文節を構成できる。単独でも意味が通じる。

今回は品詞について学んでいきましょう。

出た！　俺これで古文嫌いになったんだよね…。

難しく考えなくていいんですよ。それぞれの品詞でテストによく出る所は後ほど説明しますから、まずは品詞の名前を覚えましょう。「○○は体言だから…」という説明で「体言」という用語がわからないといやになってしまいますからね（笑）

それそれ！　俺そうだった！

数学がわからなくて数学の説明聞くのと同じですね。

前回も言われた…。

そうですね。特に、「用言」「体言」「助動詞」「助詞」などはよく説明に出てきますから、すぐにわかるようにしておきましょう。

やっぱりテストによく出る品詞とあまり出ない品詞があるんでしょうか？

**付属語**…自立語について文節を構成する。単独では意味が通じない。
**用言**……述語となれる語。活用（語尾が変化）する。
**動詞**……動作を表す語。
**形容詞・形容動詞**…ものごとの性質や状態を表す語。
例　かなし（かわいらしい）
　　きよらなり（美しい）
**体言**……主語となれる語。**名詞のこと。**
**名詞**……人やものごとの名前を表す語。
**副詞**……主に用言を修飾する語。
例　とく（はやく）／さらに（全く）
**連体詞**…体言を修飾する語。
例　かかる（このような）／さる（そのような）
**接続詞**…前後の文や文節をつなぐ語。
例　すなはち（つまり）／されど（けれども）
**感動詞**…感動、呼びかけなどを表す語。
例　あな（ああ）／いざ（さあ）
**助動詞**…付属語で活用する語。**入試頻出。**
例　けり（〜た）／ず（〜ない）
**助詞**……付属語で活用しない語。例　の（〜が・〜の）／こそ（強意）

---

もちろんです。全部よくわかっていたらいちばんいいのはもちろんですが、優先順位はありますね。まずはさきほど挙げた「用言」「体言」「助動詞」「助詞」ですね。特に「助動詞」は出題頻度ナンバーワンです。

そうなんだ！　メモメモ…。

ではタツヤさん、「用言」とは何ですか？
えっ！　ちょいまって…「動詞と形容詞と形容動詞」！

そうですね。

正解♪

よっしゃ！　次！「体言」は「名詞」！

具体的にどういうものが「用言」「体言」なのかは次回以降説明していきますね。品詞についての言葉がわからなくなったらこのページにもどりましょう。

読者の君！　品詞の名前がわからなくなったらこのページに付箋《ふせん》だよ！

付箋ですよ！

# 3 活用

## 活用と活用形

用言や助動詞が下にくる語などによって形を変えることを活用という。古文では**未然形・連用形・終止形・連体形・已然形《いぜんけい》・命令形**の六つの活用形がある。

| 基本形 | 未然形 | 連用形 | 終止形 | 連体形 | 已然形 | 命令形 |
|---|---|---|---|---|---|---|
| **咲く** | **咲か** | **咲き** | **咲く** | **咲く** | **咲け** | **咲け** |
| **下につく語の例** | **～ズ** | **～タリ** | **～。** | **～トキ** | **～ドモ** | **～！** |

**意味**

**未然形**…否定や未来など、まだそうなっていないことを表す形。
例 **咲か**ず（咲かない）／**咲か**む（咲くだろう）

**連用形**…用言（動詞・形容詞・形容動詞）などに接続する形。
例 **咲き** 初《そ》む（咲きはじめる）／**咲き** たり（咲いた）

**終止形**…文の終わりにくる形。言い切りの形。

---

うわーまた嫌いなやつ!!

食わず嫌いじゃないんですか？

そうなのかなあ…。

品詞や活用と聞いただけで苦手意識を持つ人はたしかに多いですね。でもこれも古文を理解するには大事な事柄です。せっかくですから、具体例で考えてみましょう。

花咲くとき

これを品詞に分けるとどうなるかな？上段の「咲く」の活用表を見ながら考えてみてね。ちなみに正解はこうなります。

| 花 | 咲く | とき |
|---|---|---|
| 名詞 | 動詞（連体形） | 名詞 |

「咲く」って終止形じゃないの??

例 **咲く**。（咲く。）

**連体形**…体言（名詞）などに接続する形。

例 **咲く** とき（咲くとき）

**已然形**…すでに確定した条件を表す形。

例 **咲け** ども（咲いても）／**咲け** ば（咲くと）

**命令形**…命令の意を表す形。

例 **咲け**。（咲け。）

## 語幹と活用語尾

語の変化しない部分を**語幹**といい、変化する部分を**活用語尾**という。

| | | |
|---|---|---|
| 咲 | 咲 | 咲 |
| か | き | く |
| ず | て | |

**語幹**（変化しない部分）……咲

**活用語尾**（変化する部分）……か・き・く

| 基本形 | 語幹 | 未然形 | 連用形 | 終止形 | 連体形 | 已然形 | 命令形 |
|---|---|---|---|---|---|---|---|
| 咲く | さ | か | き | く | く | け | け |

（未然形〜命令形：活用語尾）

---

**名詞（体言）の前だから連体形！**

正解♪ 体言の前につくときは連体形になるのでしたね。

そうだった！ カンでやっちゃった（汗）

なんとなくでやっていると上達しませんよ。

最初は面倒くさがらずに習った法則に当てはめてみてね。慣れてくればすぐ判断できるようになりますから。ちなみにこのように文を品詞に分けることを品詞分解といいますよ。テストによく出ますから、練習していきましょう。

次は正解するぞ！

# 4 動詞 正格活用

動詞の活用には正格活用と変格活用がある。正格活用は規則的に活用し、多くの動詞が所属する。

## ①四段活用

| 基本形 | 語幹 | 未然形 | 連用形 | 終止形 | 連体形 | 已然形 | 命令形 |
|---|---|---|---|---|---|---|---|
| 思ふ | おも | は | ひ | ふ | ふ | へ | へ |

▼「a」「i」「u」「e」の四母音で活用するので、**四段活用**という。

▼「か・き・く・く・け・け」ならカ行四段活用、「は・ひ・ふ・ふ・へ・へ」ならハ行四段活用、というように活用語尾の行によって□行四段活用という。

POINT 未然形は**a段**となる。

**〈所属語〉**

飽く／おはします／書く／咲く／来る《きた》　など多数。

---

今回からは動詞の活用をまとめていきますよ。

出たあああ！　俺授業ではこの辺からもう寝てたzzz

起きなさい（もふもふ）

もっと眠くなーるー…zzz

ちょっと！　行数なくなるでしょ！

楽しそうですね（笑）。動詞の活用はまず所属語がたくさんある正格活用について法則性を覚えて、その後所属語の少ない一部の正格活用と変格活用を覚えればいいと思います。今回は正格活用の見分け方をこうしてみましょう。

「ず」をつけたとき

a段で終わる→四段活用

書かず　咲かず　おはしまさず

i段で終わる→上二段活用

起きず　老いず　過ぎず

# ②上二段活用

| 基本形 | 語幹 | 未然形 | 連用形 | 終止形 | 連体形 | 已然形 | 命令形 |
|---|---|---|---|---|---|---|---|
| **起く** | **お** | **き** | **き** | **く** | **くる** | **くれ** | **きよ** |

▼「i」「u」の二母音で活用するので、**上二段活用**という。

▼「き・き・く・くる・くれ・きよ」ならカ行上二段活用、「ち・ち・つ・つる・つれ・ちよ」ならタ行上二段活用、というように活用語尾の最初の音の行によって□行上二段活用という。

POINT 未然形は**i段**となる。

〈所属語〉

落つ／起く／過ぐ／老《お》ゆ　など多数。

▼ヤ行はア行と勘違いしやすいので注意。ヤ行で活用するのは「**老ゆ**」「**悔《く》ゆ**」「**報《むく》ゆ**」のみ。

---

e段で終わる→下二段活用
得《え》ず　失せず　見えず

あー…たしかに。活用表と今の法則を覚えればいいということですか？

そうですそうです。所属語の多い活用は、法則を知っていれば判別できますからね。

**そっか！　だから活用表を唱えたりするんだ。**

そうそう。基本は活用表を覚えることなので、恥ずかしがらずに唱えましょう（笑）

では「タツヤ起きず」の「起き」の活用の種類と活用形は何ですか？

「起き」だから「カ行」で…。カ行上二段活用「起く」！　未然形！　へっへー。

「タツヤ寝ず」…。

その「寝」は未然形だから下二段活用！「ぬ」の未然形「ね」！

お…お見事です。

楽しくなってきたみたいですね。この調子でいきましょう♪

## ③下二段活用

| 基本形 | 語幹 | 未然形 | 連用形 | 終止形 | 連体形 | 已然形 | 命令形 |
|---|---|---|---|---|---|---|---|
| 覚ゆ | おぼ | え | え | ゆ | ゆる | ゆれ | えよ |

▼「u」「e」の二母音で活用するので、**下二段活用**という。

▼「え・え・う・うる・うれ・えよ」ならア行下二段活用、「け・け・く・くる・くれ・けよ」ならカ行下二段活用、というように活用語尾の最初の音の行によって□行下二段活用という。

POINT 未然形は**e段**となる。

〈所属語〉

得《う》（ア行）／失《う》す／出《い》づ／植《う》う（ワ行）など多数。

▼「**得**」「**寝**《ぬ》」「**経**《ふ》」は語幹と活用語尾の区別がなく、語全体が活用する。

▼語の判別が**入試に頻出**。「**見ゆ**（ヤ行）」「**見す**（サ行）」などは、後に出る「見る」（マ行上一段活用）などと紛らわしい。

## ④上一段活用

上一段活用、下一段活用は正格活用のなかで所属語が少ないものです。これらは所属語まで覚えていきましょう。

暗記かあ。眠くなってくる…zzz

引き続き寝るんじゃない！

先生、今さらだけど正格活用って何？

いい質問です。正格活用とは、活用の法則が規則的なものをいいます。

上一段活用と下一段活用は、正格活用なのに、四段活用とか上二段活用、下二段活用みたいに法則だけでは見分けにくいんですか？

所属語が少ないですからね。知ってさえいればすぐに判別できます。もちろん覚える必要があるだけあって、テストには頻出です。

マジか。先生！　全部出るの？

もちろん出る可能性はすべてあるのですけれど、苦手な人は、まずは上一段の「ひいきにみゐる」のうち、「射る」「居る」は特に注意です。ちなみに「射る」はヤ行で、「居る」はワ行です。

「い・い・いる・いる・いれ・いよ」じゃ

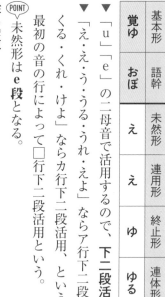

| 基本形 | 語幹 | 未然形 | 連用形 | 終止形 | 連体形 | 已然形 | 命令形 |
|---|---|---|---|---|---|---|---|
| **着る** | **(き)** | **き** | **き** | **きる** | **きる** | **きれ** | **きよ** |

▼「i」の一母音のみで活用するので、**上一段活用**という。

**〈所属語〉（太字は特に出題頻度が高いもの）**

着る／似る／煮る／干《ひ》る／**見る**／**射る**／鋳《い》る／**居《ゐ》る**／**率《ゐ》る**

POINT 「**ひいきにみゐる**＝干射（鋳）着似（煮）見居（率）」と覚えよう！

▼複合語として「試みる」「顧《かへり》みる」「用ゐる」「率《ひき》ゐる」などがある。

## ⑤下一段活用

| 基本形 | 語幹 | 未然形 | 連用形 | 終止形 | 連体形 | 已然形 | 命令形 |
|---|---|---|---|---|---|---|---|
| **蹴る** | **(け)** | **け** | **け** | **ける** | **ける** | **けれ** | **けよ** |

▼「e」の一母音のみで活用するので、**下一段活用**という。

**〈所属語〉**

**蹴る** のみ。

POINT 変格活用ではないが**暗記しておくとよい**。

▶ 動詞の正格活用の覚え方

ア行かヤ行かわかんないよ（泣）

みんなひっかかるんですよ。ククク…。

これはよく出るひっかけですね。上二段活用の「老ゆ」、下二段活用の「見ゆ」「覚ゆ」もヤ行を問う問題としてよく出題されます。

そっか、テストに出やすい所から覚えればいいんですね。

そうです♪　いきなり全部、というのは難しくても、出題されやすい所から取り組めば結果が出やすいですからね。結果が出ればやる気が上がりますから、より前向きに覚えやすくなります。こういう正の循環になると勉強がつらくなくなります。

楽しくなるようにがんばるぞ！

# 5 動詞 変格活用

## ⑥ナ行変格活用

| 基本形 | 語幹 | 未然形 | 連用形 | 終止形 | 連体形 | 已然形 | 命令形 |
|---|---|---|---|---|---|---|---|
| 死ぬ | し | な | に | ぬ | ぬる | ぬれ | ね |

〈所属語〉**死ぬ**／**去《い》ぬ**（**往《い》ぬ**）の二語。

## ⑦ラ行変格活用

| 基本形 | 語幹 | 未然形 | 連用形 | 終止形 | 連体形 | 已然形 | 命令形 |
|---|---|---|---|---|---|---|---|
| あり | あ | ら | り | り | る | れ | れ |

〈所属語〉**あり**／**居《を》り**／**侍《はべ》り**／**いますがり**（**いまそがり**）の四語。

▼「さり（さ・あり）」「かかり（かく・あり）」「しかり（しか・あり）」などもラ変と覚えておくとよい。

---

今回は変格活用の動詞です。ここまで終えれば動詞はコンプリートですよ♪

長かったなあ…。

短かったダロ!

どうして変格活用っていうんですか?

たくさんの語が所属する正格活用に比べると例外的ということのようです。言語ですからどこからが例外かという議論は難しい所でもあるのですが、さまざまな研究や議論を経て今の形に落ち着いたのだと思います。

正格活用と覚える所の違いとかあるんですか?

変格活用というだけあって所属語が少ないのです。活用と所属語を覚えればいいのです。たとえばこんなふうに出題されますよ。

問 傍線部の動詞の活用の種類と活用形

## ⑧カ行変格活用

| 基本形 | 語幹 | 未然形 | 連用形 | 終止形 | 連体形 | 已然形 | 命令形 |
|---|---|---|---|---|---|---|---|
| 来《く》 | (く) | こ | き | く | くる | くれ | こ(こよ) |

〈所属語〉**来**　のみ。

▼活用形により読みが異なるので**「来」の読みの出題に注意**。

▼「**来《きた》る**」は**四段活用**。紛らわしいので注意。

## ⑨サ行変格活用

| 基本形 | 語幹 | 未然形 | 連用形 | 終止形 | 連体形 | 已然形 | 命令形 |
|---|---|---|---|---|---|---|---|
| 為《す》 | (す) | せ | し | す | する | すれ | せよ |

〈所属語〉**為**／**おはす**　の二語。

▼「具す」「奏す」のように「**音読み漢字＋す**」となるものはサ変となる。**漢文でも頻出**。「**念《ねん》ず**」「**興《きよう》ず**」などザ行でもサ変という。

▼「**おはします**」は**四段活用**。

▼「もの＋す」「誦経《ずきやう》＋す」のような**複合動詞**もある。

---

を答えよ。

願はくは花の下にて春死なんそのきさらぎの望月《もちづき》のころ

「死ぬ」はナ行変格活用！「死な」だから未然形！

なかなかやるな。

正解♪　所属語と活用を覚えておけばこういうふうに正解できます（あれ？って思った人は上段をもう一度読んでみてね）。ちなみにこの和歌は有名な西行法師の作で、「願うことができるなら、桜の花の下で春に死のう。二月の満月の頃に。」という意味なんです。西行はその望み通り、二月の半ば（現代の暦で三月半ば）に亡くなったと言われています。

そういえば、法師って「ほふし」だったよね！

最初読めなかったダロ。

上達してきましたよね。文法が上達してきたら、古文の内容や語の成り立ちにも興味を持ってもらえるように私もがんばりますよ！

# 6 形容詞

## ク活用

| 基本形 | 語幹 | 未然形 | 連用形 | 終止形 | 連体形 | 已然形 | 命令形 |
|---|---|---|---|---|---|---|---|
| よし | よ | から | く<br>かり | し | き<br>かる | けれ | かれ |

〈所属語〉

高し／なし／きよし／明かし／白し／つらし　など。

## シク活用

| 基本形 | 語幹 | 未然形 | 連用形 | 終止形 | 連体形 | 已然形 | 命令形 |
|---|---|---|---|---|---|---|---|
| 美し | うつく | しから | しく<br>しかり | し | しき<br>しかる | しけれ | しかれ |

〈所属語〉

美し／かなし／あたらし／いみじ／すさまじ　など。

---

前回で動詞を終えて、今回は形容詞ですね！

形容詞ってどんな言葉なんですか？

動詞は動作を表す言葉でしたよね。形容詞はものごとの状態や性質を表します。たとえばこんな感じです。

①水流る。（水が流れる。）→動詞
②水きよし。（水がきれいだ。）→形容詞

①は「流れる」という動作を表しているけれど、②は「きれいだ」という状態（性質）を表していますよね。どちらも述語になれるので用言というんです。

そういうことか！

ちなみに次に取り上げる「形容動詞」も状態や性質を表します。形容詞との違いは活用の仕方が違う所と考えておけばいいでしょう。

へー！　先生！　どうして形容詞の活用

POINT
補助活用（から・かり・かる／しから・しかり・しかる）は原則として助動詞に接続させるときに用いる（命令形は接続しない）。

▼ク活用とシク活用は「なる」をつけて考えると判別できる。

例 **なく[なる]……ク活用**
**美しく[なる]……シク活用**

▼活用語尾を省略して語幹のみを用いる**語幹用法**がある（⬇p.34）。

---

は二行あるんですか？

よく気づきましたね。形容詞の活用は右側の「く・し・き・けれ」が本活用といって、左側の「から・かり・かる・かれ」が補助活用というんです。命令形以外の補助活用は助動詞に接続するときに使うのですよ。

なんで命令形は助動詞がつかないのに補助活用？

鋭い質問ですね。これは覚えなくてもよく参考程度でいいのですが、どうやら補助活用は「～くあり」が縮まって「かり」になったみたいなんです。だから命令形は「～くあれ！」が縮まって「かれ」みたいですね。

「きよくあれ！」→「きよかれ」かあ！

テストには出ないけれど、今のような疑問を持つのはすごく大事ですね。楽しくなってきますから。

ちょっと賢くなった気分♪

次回は形容動詞ですよ。

# 7 形容動詞

## ナリ活用

| 基本形 | 語幹 | 未然形 | 連用形 | 終止形 | 連体形 | 已然形 | 命令形 |
|---|---|---|---|---|---|---|---|
| 静かなり | しづか | なら | なり<br>に | なり | なる | なれ | なれ |

〈所属語〉
きよらなり／きよげなり／あはれなり／おろかなり　など。

## タリ活用

| 基本形 | 語幹 | 未然形 | 連用形 | 終止形 | 連体形 | 已然形 | 命令形 |
|---|---|---|---|---|---|---|---|
| 堂々たり | だうだう | たら | たり<br>と | たり | たる | たれ | たれ |

〈所属語〉
茫漠《ばうばく》たり／荒涼たり／堂々たり／悠々たり　など。

今回は形容動詞です。形容詞と同様、状態や性質を表す言葉ですね。

先生！　形容詞と形容動詞はどう違うんですか??

中学生のときは「言い切りの形が違う」と習ったかもしれませんね。高校の学習範囲を踏まえていえば、活用の仕方が違うということでしょうか。状態や性質を表す所は一緒です。

形容詞の活用と形容動詞の活用は違うということですね。

そうです。たとえば、

きよし
きよらなり

は両方とも「清」からきている言葉で、意味も「美しい」と同じなのですが（少しニュアンスは違うようですが）、活用が違ってそれぞれ形容詞と形容動詞で

POINT 連用形は基本的に「に」「と」が用いられ、助動詞への接続の際に「なり」「たり」が用いられる。

例 きよら**に**＋咲く（動詞に接続）
きよら**なり**＋けり（助動詞に接続）

▼**「〜かに」とあったら形容動詞の可能性が高い。**

例 静**かに**／おろ**かに**

▼タリ活用は基本的に漢文訓読体の文章で出てくることが多く、一般的な古文ではあまり用いられない。

動詞の変格活用・形容詞・形容動詞の活用の覚え方

---

す。

たしかに「きよし」はク活用で、「きよらなり」はナリ活用だね。

めずらしく優等生な発言してますね。

よくできました。さて、もう一つ形容動詞で気をつけてほしいことがあります。また例を見てみましょう。

きよらなり
黒豚なり

ええ！ なにこれ！

ふふふ。「きよらなり」のように「状態・性質＋なり」ならば一語で形容動詞です。予習になりますが、「黒豚なり」のような「体言（名詞）＋なり」の「なり」は断定の助動詞（〜だ）となります。詳しくは後ほど92ページから解説しますね。今はなんとなく「そうなんだ」くらいで大丈夫ですから、いずれ大事な判別問題が出ると思っていてください。

何事も積み重ねですね。

よっしゃ！ がんばります！

# 8 音便と語幹用法

## 音便

言葉が本来持っている音が、発音の便宜上変化することを**音便**《おんびん》という。発音の続き方をなめらかにするため、続きやすい音に変化する。

音便には以下の四種類がある。

| | |
|---|---|
| **イ音便** | **i段**の音が「い」に変化する。<br>例 抱きて→抱いて<br>美しき人→美しい人 |
| **ウ音便** | 「く」「ぐ」「ひ」「び」「み」などの音が「う」に変化する。<br>例 負ひて→負うて<br>強くて→強うて |
| **撥音便**《はつおんびん》 | **i段・u段**の音が「ん」に変化する。<br>例 飛びて→飛んで<br>うれしかるべし→うれしかんべし |

今回は音便と語幹用法です♪

やばいやばい、単元の名前でもうダメ。

諦めたらそこで試合終了ですよ。

そのセリフ、前に有名漫画で読んでいたような…。

今の「読んで」は音便ですよ（笑）。撥音便です。

ほんとだ！ 「ん」だ！

「読みて」→「読んで」ですね。ほら、現代語にもあるでしょう？

たしかにー！ じゃあ語幹用法は？

いいタイミングで床にバナナの皮が（さっきわざと置いた）。

（滑って転びそうになる）うわ！ 危な！

語幹用法ですね。

えええええ!!

「危ない」が「危な！」になっています

| | |
|---|---|
| **促音便《そくおんびん》** | 「ち」「ひ」「り」などの音が「つ」に変化する。<br>例 立ちて→立つて<br>渡りて→渡つて |

## 語幹用法

形容詞・形容動詞の語幹のみを用いた用法を**語幹用法**という。

| | |
|---|---|
| **①あな＋語幹** | 感動の表現（ああ～だなあ）<br>例 あなかま（ああやかましいなあ） |
| **②語幹＋の＋名詞** | 感動の表現（～だなあ）<br>例 にくの男や（気に入らない男だなあ） |
| **③語幹＋み** | 原因・理由を表す（～ので）<br>＊形容詞のみの用法で、和歌のみで使われる。<br>例 早み（早いので） |

発展 **特に③は入試頻出。**

▼①②は、シク活用の形容詞では「あな美し」のように終止形の形が用いられる。

からね（笑）。古文でも同じようなニュアンスだと思います（あな＋語幹）。驚きや大きな心の動きを表しているのでしょうね。

おお！ すご！

特に「語幹＋み」は入試によく出るみたいですよ。

高校の定期試験を含めたテスト一般では語幹用法は全般的に出題されると思いますが、入試だと「語幹＋み」（～ので）は頻度が高いですね。和歌によく使われています。

そうなんだ…メモメモ。

一見難しそうでも現代語にもつながることが多いですから、なるべくなじみのある表現を例にして覚えていきましょうね♪

# 入試にチャレンジ 1 用言

学習日 ／

1 空欄には、「降りる」という動詞の古語、「降る」を活用させた形が入る。適当に活用させたその語を入れよ。

□を見れば、

（宮崎大）

2 傍線部「あり経《ふ》れ」の活用の種類を、次の①～⑤の中から一つ選べ。

かひなくあり経れど、

①ラ行変格活用　②ハ行四段活用　③ラ行四段活用
④ハ行下二段活用　⑤ラ行下二段活用

（早稲田大）

**3**

傍線部を終止形にして記せ。

老いぬれば、

（早稲田大）

**4**

「得」の動詞の活用の種類として最も適切なものを次の中から一つ選べ。

①ア行下一段活用　②ア行下二段活用　③ヤ行下一段活用
④ヤ行下二段活用　⑤ワ行下一段活用　⑥ワ行下二段活用

（千葉商科大）

**5**

「干る」と活用の種類が異なる動詞を次のイ〜ホから一つ選べ。

イ　着る　ロ　見る　ハ　射る　ニ　似る　ホ　知る

（関西学院大）

**6** 空欄に、動詞「干る」を未然形に活用させて入れよ。解答は、ひらがなで記せ。

「露もまだ［　　］ぬほどに参りて、立たれにけり」

（早稲田大・改題）

**7** 甲・乙二か所の「ゐ」をそれぞれ漢字に直せ。

・弱くなりたる人を遙《はる》かに甲ゐて来けるほどに、

・恵心《ゑしん》、また地蔵の宝号を唱へて、傍らに乙ゐ給《たま》へり。

（九州大）

甲

乙

**8** 傍線部の動詞の活用の種類として正しいものを次の中から一つ選べ。

ひやうど射たり。

注　ひやうど：矢が飛んでいく様を表す。ひゅん、と。

ア　ア行下一段活用　　イ　タ行下二段活用　　ウ　ヤ行上一段活用

エ　ラ行四段活用　　オ　ラ行変格活用　　カ　ワ行上二段活用

（駒澤大）

**9**

傍線部の動詞について、その活用（例　カ行四段）を答えよ。

去《い》にし年

（熊本県立大）

**10**

傍線部の動詞の活用の種類として最も適当なものを、次のイ～ホの中から選べ。

出家していまそかりける。

イ　ラ行四段活用　　ロ　ラ行上一段活用　　ハ　ラ行上二段活用

ニ　ラ行下二段活用　　ホ　ラ行変格活用

（早稲田大）

**11**

傍線部の動詞について、その活用（例　カ行四段）を答えよ。

時世のおぼえ重くてものしたまへど、

（熊本県立大）

**12** 傍線部に含まれている動詞の、①活用の行、②活用の種類、③活用形は、それぞれ何か。該当するものを、次のア～カの中から一つずつ選べ。（國學院大）

はだか姿は忘られず、おそろしきものから、をかしうとも言はず

①ア ア行　イ タ行　ウ ハ行　エ ヤ行　オ ラ行　カ ワ行

②ア 四段活用　イ 上一段活用　ウ 上二段活用
エ 下一段活用　オ 下二段活用　カ 変格活用

③ア 未然形　イ 連用形　ウ 終止形　エ 連体形　オ 已然形　カ 命令形

| ① | ② | ③ |
|---|---|---|
| | | |

**13** 傍線部「大きなり」の文法的説明として適切なものを次のア～オの中から選び、記号を記せ。（青山学院大）

その善いかに大きなりとも、

ア 形容動詞「大きなり」の終止形

イ 形容詞「大きい」の語幹＋動詞「なる」の連用形

ウ 形容動詞「大きい」の語幹＋断定の助動詞「なり」の終止形

エ 形容動詞「大きなり」の連体形＋完了の助動詞「り」の連用形

オ 形容詞「大きい」の語幹＋伝聞推定の助動詞「なり」の連用形

14

傍線部「あなたふと」の意味として最も適当なものを次の選択肢の中から選び、その番号を記せ。

捨石《すていし》「あなたふと。しかおぼして、この事に力添へ給ふは、神よ仏よ」とて、喜ぶ喜ぶ。

（福岡大）

①ああ、頑張るなあ
②ああ、貴いことだ
③ああ、驚くべきことだ
④あなたは肝が太いなあ
⑤あなたは逞《たくま》しくなったなあ

15

傍線部「水深み」を現代語訳せよ。

泣きたむる涙の川の水深みあひ見でほどの淀《よど》むべきかな

（群馬県立女子大）

# 解答解説

**1** 降るる

「〜を見る」なのですから、「〜」には体言（名詞）が入ります。体言の省略があると考えて、連体形にしましょう。「降る」は上二段活用ですから、「降るる」となります。

現代語訳 ［降りるの］を見ると、

**2** ④

「あり経れ」の「経」に「ず」をつけると、未然形は「あり経《へ》」ですから、下二段活用と判断します。

現代語訳 無駄にときを過ごしていたけれど、

**3** 老ゆ

「老ゆ」はヤ行上二段活用動詞の代表例です。頻出ですから覚えておきましょう。

現代語訳 老いてしまったので、

---

**4** ②

「得」は下二段活用唯一のア行です。忘れていた人は再チェック！

**5** ホ

上一段活用の動詞「ひいきにみゐる」を復習しましょう。

**6** ひ

上一段活用「干る」の未然形ですから「ひ」ですね。

現代語訳 「露もまだ［乾か］ないうちに参上して、出発なさってしまった」

**7** 甲：率／乙：居

どちらもワ行上一段活用の連用形で、甲は人を率いていくのですから「率」、乙は座っているのですから「居」となります。

現代語訳　・衰弱してしまっている人を遠くから連れてきたときに、
・恵心は、また地蔵の名を唱えて、そばに座っていらっしゃる。

**8**　ウ

「射る」はヤ行上一段活用で頻出でしたね（⬇p.26）。
現代語訳　ひゅんと射た。

**9**　ナ行変格

「死ぬ」「去《い》ぬ（往《い》ぬ）」はナ行変格活用でしたね。
現代語訳　過ぎた年

**10**　ホ

「いまそかり」は「いますがり」と同じ。「あり」「をり」「はべり」とともにラ行変格活用です。
現代語訳　出家していらっしゃった。

**11**　サ行変格

「ものす」は「もの＋す」ですから、サ変となります。
現代語訳　そのときの世間の人望があつくていらっしゃるけれど、

**12**　①：オ／②：ア／③：ア

---

「れ」「ず」はそれぞれ助動詞なので、動詞は「忘ら」の部分。終止形が「忘る」だと気がつけば、ラ行四段活用の未然形と答えられます。
現代語訳　裸の姿は忘れられず、恐ろしいけれども（おかしい。でも）、おかしいとも言わない。

**13**　ア

「状態・性質＋なり」は形容動詞となります。
現代語訳　その善行がどんなに大きいとしても、

**14**　②

語幹用法です。「たふと」は「とうとい」の意味の「たふとし」の語幹。「あな＋語幹」で「ああ〜だなあ」と訳します。
現代語訳　捨石「ああ貴いことだなあ。そのようにお思いになって、このことに力添えなさるのは、神よ仏よ」と、とても喜ぶ。

**15**　㋑水が深いので

「語幹＋み」で「〜ので」でしたね。
現代語訳　泣いてためた涙の川の水が深いので、会わない間に流れが淀むに違いないなあ。

# 序 助動詞とは

**助動詞**とは**付属語のうち活用する語**のことをいい、現代語に少ないため古文ではよく出題される。助動詞を学ぶにあたって、大切なポイントを確認しておこう。

**接続**…助動詞には、未然形の後に使われる語、連用形の後に使われる語などというように、ある活用形の後に使うというルールがある。これを接続といい、たとえば未然形の後に使われる場合「未然形接続」という。各接続の語を示すのでまずは声に出して頭に入れよう。

**活用**…用言と同様、どのような活用をするのか確実に覚えよう。

**意味**…助動詞の意味はテスト頻出。後ほど詳しく説明するので、何度も復習して確実に理解しよう。

---

さてここから古文文法最頻出分野、助動詞に入っていきますよー！

絶対無理だ…。

やる前から無理とか言うな（怒）

助動詞はやみくもに覚えようとすると難しいのですが、気をつける点を整理しておけば覚えやすくなります。まずそこからいきましょう。

マジで!?

たとえば「未然形接続」とか聞いたことありませんか？

ある！　でも何言ってるかわかんなくなって眠くなった！

多くの人がいやになる理由の一つですよね。以前「未然形」について「まだそうなっていないことを表す形」って書いてあったと思います。覚えてる？

ちゃんと覚えてる！

では、未然形につく（接続する）助動詞は、すべて「まだそうなっていない」もので

| 接続 | 助動詞 | 説明 |
|---|---|---|
| ①未然形接続 | る・らる<br>す・さす・しむ<br>ず<br>じ<br>む・むず<br>まし<br>まほし | 未然形につく語なので「まだこれから」「現実にはそうなっていない」という語が多い。 |
| ②連用形接続 | き<br>けり<br>つ<br>ぬ<br>たり（完了）<br>たし<br>けむ | 過去や完了など、時制にかかわる語が多い。 |
| ③終止形接続（ラ変には連体形接続） | べし<br>まじ<br>らむ<br>らし<br>なり（伝聞・推定）<br>めり | 「今まさにそうなろうとしている」「今そうである（と推定できる）」「高い確率でそうなる」という意味の語が多い。 |
| ④体言・連体形接続（「ごとし」は「の」「が」にも接続） | なり（断定）<br>たり（断定）<br>ごとし | 断定や存在を表す語。 |
| ⑤四段の已然形接続（サ変の未然形接続） | り | 「り」一語だが、「已《すで》にそうなっている」の已然形だけに完了を表すと覚えておけばよい。 |

すと言ったらどうですかね？（笑）

そうなの??

「これから〜だろう」「そうなっていないけどなったらよかった」「これから〜される／させる」「まだ〜ない」こんな感じですよ？

接続って意味あるのか…連用形とかも？

もちろんです。そのあたりは個々の語でお話しするとして、ここでは「接続」に意味があるとなんとなくつかんでほしいのです。もちろん「接続」によって同じ音でも違う意味の語を判別することもできます。これもテストによく出るのでその都度お話ししていきますね。

そっか…じゃあ今回は上段の表を眺めるくらいでOK？

覚えるくらいの根性見せろ。

まあまあ…まずは声に出してみましょう。進んでいくうちに「あっ」と思う日がきますから、その都度このページにもどりましょう。繰り返して定着しますから。

わかりました！　まずは声に出すところから！

# 9 助動詞　る・らる

| 基本形 | 未然形 | 連用形 | 終止形 | 連体形 | 已然形 | 命令形 | 接続 |
|---|---|---|---|---|---|---|---|
| る | れ | れ | る | るる | るれ | れよ | 未然形 ※ |
| らる | られ | られ | らる | らるる | らるれ | られよ | |

※る＝四段・ナ変・ラ変の未然形／らる＝四段・ナ変・ラ変以外の未然形

▼意味は同じ。前の語が**a段なら「る」、それ以外なら「らる」**を用いる（四段・ナ変・ラ変の未然形はａ段で終わる）。

発展 **e段の直後の「る」「れ」は完了の「り」の連体形・已然形か命令形である**（➡p.88）。

▼自発、可能の意味の場合、命令形は使わない。

意味

**(1) 受身（～られる・～れる）**

▼一般的に人や動物について用いる（無生物は少ない）。

例文　ありがたきもの、舅《しうと》にほめ**らるる**婿《むこ》。（枕草子）

（めったにないほどすばらしいもの、舅にほめ**られる**婿。）

---

ついに助動詞に入ります。「る・らる」からいきましょう。

ついに俺の最強の敵が…。

敵とか言ってないで仲良くなれよ。

意味的には現代語にも近いから覚えやすいですよ♪　たとえば、

・冷凍庫のアイス、弟に食べ**られ**ちゃった！（受身）

・こちらの本も読ま**れ**ますか。（尊敬）

・高い空を見ると秋が感じ**られる**なあ。（自発）

・原稿終わらなくて寝**られ**ないよ。（可能）

ほんとだ！　意識しないけど使ってるね！

やけに最後の例だけリアルですね。

ああ…編集者さんたちごめんなさい…。

ハッ！「る・らる」の説明でした！

## (2) 尊敬（〜なさる・お〜になる）

▼貴人（敬語対象者）に用いる。

▼「る」「らる」を抜いても意味が通る場合は尊敬の可能性が高い。

POINT POINT

**「仰《おほ》せらる」の「らる」は必ず尊敬になる。**

**「れ給《たま》ふ」「られ給ふ」の「れ」「られ」は尊敬にはならない。**

例文 感ぜさせたまひて、のちに美濃守《みののかみ》になされにけり。（十訓抄）

（感動なさって、その後美濃守にさせなさったのだった。）

## (3) 自発（自然と〜する・つい〜れる）

▼**思ったことや感じたこと、ついしてしまうこと**等に用いる。

例文 住みなれしふるさと限りなく思ひ出《い》で**らる**。（更級《さらしな》日記）

（住みなれた実家が**つい**この上なく思い出さ**れる**。）

## (4) 可能（〜できる）

POINT **多くの場合打消・反語を伴う。**

例文 恐ろしくて寝《い》も寝**られ**ず。（更級日記）

（恐ろしくて寝るに寝**られ**ない。）

〈判別のめやす〉

人に―る・らる＝(1)受身／貴人―る・らる＝(2)尊敬／知覚・心情―る・らる＝(3)自発／打消・反語―る・らる＝(4)可能。



---

テストでは四つの意味がすべて出題されますが、自発は特に盲点になりがちなので覚えておきましょう。

はい！ ところで先生、なんで「る」と「らる」があるんですか？

いい質問ですね。a段につくかそうでないかで「る」「らる」を使い分けるのですが、たとえば「蹴る」を考えてみましょう。「蹴る」の未然形は「蹴」ですから、ここに「る」がつくと終止形「蹴る」と区別がつかなくなってしまいます。ですから「蹴らる」とするわけです。

そっか、同じ音になって間違える、ってことがないようになってるんだ。

そうですそうです♪

ものごとには意味があるものですよ。

やば。今回もちょっと賢くなった気分♪

この調子で次回もがんばりましょうね。

# 10 助動詞 す・さす・しむ

## す・さす

| 基本形 | 未然形 | 連用形 | 終止形 | 連体形 | 已然形 | 命令形 | 接続 |
|---|---|---|---|---|---|---|---|
| す | せ | せ | す | する | すれ | せよ | 未然形※ |
| さす | させ | させ | さす | さする | さすれ | させよ | |

※す＝四段・ナ変・ラ変の未然形／さす＝四段・ナ変・ラ変以外の未然形

▼意味は同じ。前の語が**a段なら「す」**、**それ以外なら「さす」**を用いる（四段・ナ変・ラ変の未然形はa段で終わる）。

## しむ

| 基本形 | 未然形 | 連用形 | 終止形 | 連体形 | 已然形 | 命令形 | 接続 |
|---|---|---|---|---|---|---|---|
| しむ | しめ | しめ | しむ | しむる | しむれ | しめよ〔しめ〕 | 未然形 |

▼「しむ」は漢文や漢文訓読体の古文で頻出（使役が多い）。

今回は「す・さす」「しむ」です！

助動詞二回目！ がんばっちゃうぞ〜。

めずらしく前向きですね。

今回まず覚えてほしいのは判別です。

使役か尊敬かってこと？

そうです。テストで「す・さす」を「尊敬」と解答してよいのは「せ・させ＋尊敬の補助動詞」となる場合だけです。それ以外は使役の意味だと覚えてOKです。ちなみに尊敬の補助動詞というのは「〜なさる」という尊敬の意味を付加する用言ですが、ここでは「給ふ」「おはします」を覚えておけばいいでしょう。

ほとんどが「せ・させ＋給ふ」の形ですよ。

「せ・させ給ふ」ときたら尊敬ってこと?!

ちょっとだけ違います。尊敬は「せ・させ給ふ」の形のときしかありえないということです。使役の場合もあるのです。たとえば次のようなときです。

**意味**

**(1) 使役（〜させる・〜せる）**

例文 妻《め》の嫗《おうな》にあづけて養は**す**。（竹取物語）

（妻である嫗に預けて養育さ**せる**。）

**(2) 尊敬（〜なさる・お〜になる）**

▼貴人（敬語対象者）に用いられる。

POINT **直後に尊敬の補助動詞（給ふ・おはします等）がつくと多くの場合尊敬となる。** 例 せ給ふ（最高敬語）

例文 帝王《みかど》おり**させ**たまふと見ゆる天変ありつるが、（大鏡）

（天皇が退位**なさる**と思われる異変があったが、）

例文 御簾《みす》を高く上げたれば、笑は**せ**たまふ。（枕草子）

（御簾を高く上げたところ、**お**笑い**になる**。）

▼「せ・させ給ふ」でも明らかに使役ととれる場合は使役としよう。

〈判別のめやす〉

「せ・させ＋給ふ（おはします）」の形ならほぼ(2)尊敬／「給ふ（おはします）」がなければ(1)使役。



黒豚の大臣《おとど》、ほふしに念仏せさせ給ふ。

訳：黒豚の大臣は法師に念仏をさせなさる。

このように「人に」というのがはっきりしている場合は使役になります。「人に」「人を召して」「人に命じて」「人をして（漢文で頻出）」などがあったら注意です。

メモメモ…。つまり「せ・させ給ふ」の形で、訳して使役にならなそうなら尊敬、それ以外は全部使役って考えていいですか？

それでいいと思います♪

**それと先生、「す」「さす」があるのは「る」「らる」と一緒？**

いい所に気づきましたね。a段につくときは「す」、それ以外は「さす」ですから、「る」「らる」と似たルールです。

やった。なんかわかってきたかも。

油断大敵ですよ。

よく理解できたときはどんどん自分をほめましょう。この調子で次回もがんばりましょうね。

# 11 助動詞 ず

| 基本形 | 未然形 | 連用形 | 終止形 | 連体形 | 已然形 | 命令形 | 接続 |
|---|---|---|---|---|---|---|---|
| ず | ○ | 〔に〕 | 〔ぬ〕 | ぬ | ね | ○ | 未然形 |
| | ○ | ず | ず | ○ | ○ | ○ | |
| | ざら | ざり | 〔ざり〕 | ざる | ざれ | ざれ | |

POINT **連体形「ぬ」と已然形「ね」はそれぞれ後で学ぶ「完了」の「ぬ」の終止形、命令形と音が同じなので判別に注意**（まだなんとなくで大丈夫）。

▼ザリ系列（ざら・ざり・ざる・ざれ）の補助活用は下に助動詞がつくときに用いられる。

▼断定「なり」につくときは「**ぬなり**」となる。漢文訓読体のときは「ざるなり」となることもある（まだ覚えなくてもOK。「なり」の判別の問題が出てきたらこのページにもどろう）。

▼「**ずは**」は**打消の仮定**（**もし～でないならば**）の意味となる（未然形と解釈されている）。

---

今回は打消の助動詞「ず」を見ていきましょう。

ここはなんとなく知ってる！

なんとなくのままでは役に立ちませんよ。

だよね…。

この単元で気をつけることはまずは二つです。①本活用（ず・ぬ・ね）と補助活用（ざら・ざり・ざる・ざれ）の使い分けと、②「ぬ」「ね」の判別です。②はまだほかの助動詞を学び終わっていないので予習程度に考えてください。

形容詞みたいに活用が二つあるんですね！　助動詞の前につくときは補助活用！

正解♪　形容詞と似ていますね。補助活用は「ず・あり」から「ざり」になったと言われていますよ。

「く・あり」から「かり」になった形容詞とそっくりですね！

例文　火に焼かむに、焼け**ずは**こそ、まことならめ（竹取物語）
（火で焼こうとして、**もし**焼け**ないならば**、本物だろう）

**意味**
**打消（〜ない）**

例文　ゆく河の流れは絶え**ず**して、しかももとの水にあら**ず**。（方丈記）
（流れゆく川の水は絶えることが**ない**状態にあって、それでいてそれぞれもとの水では**ない**。）

さらに知ら**ざり**けり。（土佐日記）
（全く知ら**なかっ**た。）



（こっそり）忘れた人は30ページの形容詞の単元をすぐに読むんですよ。

それで②なのですが、これは予習として「なんとなくそうなんだ」くらいでいいのですが、こういう判別の問題がテストに出ます。

・影消え**ぬ**。
・消え**ぬ**影の…

**これ違う語なの??**

テスト頻出ですよ。

詳しくは完了の「ぬ」の学習を終えてからなので、78ページを見てほしいのですが、こんな問題がいずれ出されると思っていてください。

めっちゃ気になる〜。

気になるなら今日中に「ぬ」まで進むがいい！　ククク…。

俺今日中にいくわ。読者のみんなも一緒に進もうよ！

その意気です。でも、無理しない程度にがんばってくださいね。

# 入試にチャレンジ2　助動詞1

学習日　／

**1** a・bの文法的説明として最も適当なものを次から選べ。

・「いかなる尼君たちのかく舞はaれて、深き山の中よりぞ出《い》で給ひたるぞ。」
・木こりどもも、（笑い茸《だけ》を食べてのち）心ならずも舞はbれけり。

（センター試験国語Ⅰ・本試）

①aは自発、bは尊敬　②aは尊敬、bは自発
③aは可能、bも可能　④aは尊敬、bは受身
⑤aは可能、bは自発

**2** 「ものも言はれずなりぬ」の傍線部「れ」の意味を次から選べ。

（立命館大）

①断定　②受身　③尊敬　④可能　⑤自発
⑥伝聞　⑦意志　⑧適当　⑨当然　⑩推量

**3** 傍線部の現代語訳として適するものを、次の①～⑤から一つ選べ。

鹿の音を聞くに我さへ泣かれぬる谷の庵《いほり》は住み憂かりけり

①泣かされているところだ　②自然と泣けてしまった
③きっと泣くに違いない　④泣かなければよいのだ
⑤泣くわけにはいかない

（広島修道大）

**4** 傍線部について、この助動詞の意味として最も適切なものを次の中から選べ。

禅師を勧請《くわんじやう》して看病せしむるに、

①自発　②打消　③使役　④完了　⑤推量

（松山大）

**5** 空欄には「ず」を活用させた語が入る。適切に活用させて記せ。なお、助動詞「けり」は連用形に接続する。（学習院大・改題）

男、はたねられ［　］ければ、

**6** 空欄にはどんな言葉を補ったらよいか。最も適当なものを一つ選べ。なお、「こそ」の後の文末は已然形となる。（立教大・改題）

「…えこそ聞こえ定め［　］」と聞こえあへり。

①ざり　②ざる　③ず　④ぬ　⑤ね

**7** 傍線を付した部分の文法上の意味は何か。（立教大）

「…」など仰せ<u>られ</u>つつぞ、

①自発　②受身　③尊敬　④可能

# 解答解説

**1** ②

aは打消がなく、「尊敬」か「自発」が考えられます。bは笑い茸を食べて「心ならず」舞うのですから、「つい〜する」という意味の「自発」が正解です。①aが自発の可能性はまだ残るのですが、bで×となります。

現代語訳 ・「どのような尼君たちがこのようにお舞いになって、深い山の中から出ていらっしゃったのだろう。」
・木こりたちも、(笑い茸を食べてから)自分の意志に反してつい舞ってしまった。

**2** ④

「打消」を伴っていることから、「可能」を選びましょう。

現代語訳 「ものも言えなくなってしまった」

**3** ②

「れ」は「泣く」についていますから「自発」と考えて「自然と泣けてしまった」と解釈できます。

現代語訳 鹿の鳴き声を聞くと私まで自然と泣けてしまった。谷の庵は住みにくいなあ。

**4** ③

尊敬の補助動詞がついていないので「使役」の意味です。

現代語訳 高僧を呼んで看病させると、

**5** ざり

助動詞「けれ」の前なので補助活用(ざら、ざり、ざる、ざれ)の連用形「ざり」が入ります。「けり」の前は連用形と覚えましょう。

現代語訳 男も、また寝られ[なかっ]たので、

**6** ⑤

「こそ」の結びとなるので已然形の「ね」が正解です。「こそ」があるときは「係り結び」で文末が「已然形」となります。覚えておきましょう。

現代語訳 「…確かには申し上げられ[ない]」と口々に申し上げている。

**7** ③

「仰せらる」の「らる」は尊敬です。頻出なので注意。

現代語訳 「…」などとおっしゃいながら、

# 12 助動詞 む・むず

| 基本形 | 未然形 | 連用形 | 終止形 | 連体形 | 已然形 | 命令形 | 接続 |
|---|---|---|---|---|---|---|---|
| む（ん） | ○ | ○ | む（ん） | む（ん） | め | ○ | 未然形 |
| むず（んず） | ○ | ○ | むず（んず） | むずる（んずる） | むずれ（んずれ） | ○ | |

▼**「むず」は「む＋とす」から成立したと言われている。「む」と「むず」はほぼ同じ意味と覚えておくとよい。**

▼「む」「むず」は「ん」「んず」と表記されることもある。

**意味**

**(1) 推量（〜だろう）**

▼三人称でよく用いられる。

例文 香炉峰《かうろほう》の雪いかならむ。（枕草子）

（香炉峰の雪はどうなっているだろう。）

**(2) 意志（〜よう・〜たい）**

▼一人称でよく用いられる。

---

今回は頻出助動詞の一つ、「む」「むず」を学んでいきましょう。

「む」は聞いたことあるかも！

「スイカ買えって」なんて語呂合わせがありますね。

ス＝推量、イ＝意志、カ＝勧誘、買え＝仮定・婉曲、て＝適当ということですね。

そういう意味だったのか…。

語呂合わせもいいのですが、大切なのはどういうときにどの意味になるかです。人称と体言の前かどうかに注目です。

一人称だと意志で、二人称だと勧誘、三人称だと推量…体言の前だと婉曲かあ。

「む」は現代語の「う」や「よう」になったと言われています。たとえばこういう場合はどの意味ですか。

おやつにパンケーキを食べよう。

意志の「〜しよう」の意味かな。

例文「文を書き置きてまから**む**。」（竹取物語）
（「手紙を書き置きして退出し**よう**。」）

### (3) 勧誘・適当（〜よう・〜ませんか・〜のがよい）

▼会話文（二人称）でよく用いられる。

例文「とくこそ試みさせ給は**め**。」（源氏物語）
（「はやく試みなさる**のがよい**。」）

翁《おきな》の申さむ事、聞きたまひて**む**や（竹取物語）
（翁の申し上げることを、お聞きになりま**せんか**）

### (4) 婉曲《えんきょく》（〜ような）・仮定（〜としたら）

▼婉曲は体言の前で用いられる（体言が省略される場合に注意）。
▼仮定は後に助詞がくることが多いが、訳してみないと確定できない（入試での出題はまれなので、婉曲を優先して覚えること）。

例文 思は**む**子を法師になしたら**む**こそ心苦しけれ。（枕草子）
（愛《いと》おしく思う**ような**子を法師にした**としたら**、気の毒なことだ。）

〈判別のめやす〉
一人称は⑵意志／二人称は⑶勧誘／三人称は⑴推量／体言の前なら⑷婉曲。

---

ふふふ。独り言ならそうですが、もしこういう感じならどうでしょう。
Aさん：おやつにパンケーキを食べ**よう**。
Bさん：いいねえ。どのお店にしよっか。

あ、二人称だと勧誘だ。

「あのお店は定休日**だろう**」なんて言えば、三人称ですから推量になります。

そっか。「む」は人称で意味が変わってくるね。

婉曲だけは例外的に「体言の前」という位置で意味を判別します。ちなみに婉曲というのは直接の表現を避けて遠回しに言うことです。

「宿題忘れた」って言えずに「忘れたような…」とごまかすときの「ような」。

俺それよく使うかも（笑）

婉曲は盲点でよくテストに出ます。最後に、「む」は「ん」とも表記されますから、これも注意ですよ。

音が同じだもんね。気をつけよ！

# 13 助動詞 じ

| 基本形 | 未然形 | 連用形 | 終止形 | 連体形 | 已然形 | 命令形 | 接続 |
|---|---|---|---|---|---|---|---|
| じ | ○ | ○ | じ | じ | じ | ○ | 未然形 |

▼**助動詞「む」の打消にあたる意味**だと理解するとよい。「む」とセットで覚えると効果的。

**意味**

**(1) 打消推量（～ないだろう）**

▼三人称でよく用いられる。

例文 法師ばかりうらやましからぬものはあら**じ**。（徒然草《つれづれぐさ》）

（法師ほどうらやましくないものは**ないだろう**。）

**(2) 打消意志（～まい・～つもりはない）**

▼一人称でよく用いられる。

例文 あひ見るまでは解か**じ**とぞ思ふ（伊勢《いせ》物語）

（会うまでは解く**まい**と思う）

---

今回は「じ」です。「む」を打ち消した意味と覚えましょう。

**「む」の反対だから人称を意識するんですね！**

そうですそうです♪

先生、そしたらなんで「打消勧誘」と「打消婉曲」がないんですか??

いい所に気づきましたね。じゃあ「打消勧誘」を考えてみましょうか。

放課後映画見に行こうよ。（勧誘）

（にやにや）これを打消にできますかね？

映画見に行こうない！

そんなわけないダロ！

たしかに言えない！

そうでしょう。打消勧誘という用法は存在し難いですね（笑）

そっかー！ じゃあ打消婉曲も同じよう

〈判別のめやす〉

一人称なら⑵打消意志／三人称なら⑴打消推量。

「む」↕「じ」

〈推量〉
降らむ

降る

降らじ
〈打消推量〉

〈意志〉
行かむ

行く

行かじ
〈打消意志〉



にないの？

もう一つ例を挙げてみましょうか。ぬいぐるみのような黒豚（婉曲）

これを打消にすると？

ぬいぐるみのようでない黒豚。って婉曲っぽくなくなっちゃった。

遠回しに言う表現のはずがただの打消になっちゃいますからね。

わたしよく「黒豚みたいなぬいぐるみ」って言われます…。

というわけで、「じ」には打消意志、打消推量の二種類しかないと考えていいと思いますよ。

「なんで」って考えると結構おもしろいね。

文法は暗記と思われがちですし、実際覚えることは必要なのですが、「なんで」を考えるとだいぶ覚えやすくなると思います。

ものごとには理由がありますからね。

「なんで」を大事にがんばります！

# 14 助動詞 べし

| 基本形 | 未然形 | 連用形 | 終止形 | 連体形 | 已然形 | 命令形 | 接続 |
|---|---|---|---|---|---|---|---|
| べし | べから | べく〈べかり〉 | べし | べき〈べかる〉 | べけれ | ○ | 終止形、ラ変には連体形 |

▼「む」より強い意味となる。

発展 ▼「べい」「べかんめり」「べかんなり」**等音便化することがある**（↓p.90）。

**意味**

**(1) 推量（〜だろう・〜にちがいない）**

▼三人称でよく用いられる。

例文 風吹きぬ**べし**。（土佐日記）

（風が吹く**にちがいない**。）

**(2) 意志（〜よう・〜たい）**

▼一人称でよく用いられる。

---

ついに助動詞「べし」です！ 苦手な人も多い語ですが、がんばりましょう。

意味いっぱいあってつらい（泣）

泣き言言ふべからず。

「=泣き言言うな」。

訳せてるじゃないですか。

あっ…！

仲良しですね（笑）。さて、「べし」はたしかに意味もたくさんあって判別も難しいのですが、「む」を参考にするといいと思います。「べし」は「む」よりも強い意味なのです。

たしかに「推量」とか「意志」とかは一緒だけど…。

「勧誘」→「適当」や「命令」になっていると考えれば共通点はだいぶありますね。

そっかー。たしかに。

「一人称は意志、二人称は適当・命令、

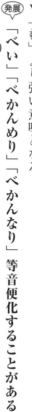

例文 「異《こと》遣唐使往《い》かんにつけて消息《せうそこ》やる**べし**。」（宇治拾遺物語）

注　異：ほかの、別の。

（「ほかの遣唐使が行くのに託して手紙をやろ**う**。」）

### (3) 当然（～はずだ・～べきだ・～ねばならない）

▼「べき＋体言」の形のときは「～することになっている」と予定の訳になることもある。

例文 子となり給ふ**べき**人なめり。（竹取物語）

（子におなりになる**はずの**人であるようだ。）

### (4) 適当（～のがよい）

▼二人称や一般論でよく用いられる。

例文 家の作りやうは、夏をむねとす**べし**。（徒然草）

（家の作り方は、夏を中心とする**のがよい**。）

### (5) 可能（～できる）

▼打消表現を伴って用いられることが多い。

例文 羽なければ、空をも飛ぶ**べから**ず。（方丈記）

（羽がないので、空も飛ぶ**ことができ**ない。）



三人称は推量、打消があったら可能、『そうなるべきもの』は当然」と覚えるといいですよ。

メモメモ…これで覚えてみる！

ところで、「む」と「べし」の接続にも注目してみましょう。それぞれ何に接続しますか？

「む」は未然形で「べし」は終止形かなあ。

そうですね。これはニュアンスにもすごくあらわれていて、私はよく次のように説明しています。

①ボール当たらむ

②ボール当たるべし

### (6) 命令（〜せよ）

▼会話文の言い切りの形（二人称）で用いられる。

例文「西に向かはせたまひて、御念仏候《さぶら》ふ**べし**。」（平家物語）

（「西にお向かいになって、お念仏を唱えて**ください**。」）

〈判別のめやす〉

一人称は(2)意志／二人称は(4)適当・(6)命令／三人称は(1)推量／打消があったら(5)可能／「そうなるべきもの」は(3)当然。

---

未然形につく「む」では、まだ当たっていませんから、「当たりそう」くらいで、当たらない可能性もまだだいぶあります。いっぽう、終止形につく「べし」ではもうほとんど当たるところですから、当たる可能性はかなり高いというイメージです。

**「当たらむ」と「当たるべし」じゃ、だいぶ違うね！**

推量だけでなく、意志で訳す場合でも「当ててやろー」と「当ててやる！」くらいの違いが感じられます。接続を見るとなんとなくのイメージをつかみやすいと思います。このあたりが文法のおもしろい所です。

ものごとには理由がありますね。

難しいけどおもしろい！　がんばって勉強してみようってちょっと思えたかも。

その意気で次回もがんばりましょう。

助動詞問題の解き方1

# 15 助動詞 まじ

| 基本形 | 未然形 | 連用形 | 終止形 | 連体形 | 已然形 | 命令形 | 接続 |
|---|---|---|---|---|---|---|---|
| まじ | まじから | まじく〈まじかり〉 | まじ | まじき〈まじかる〉 | まじけれ | ○ | 終止形、ラ変には連体形 |

▼「べし」の打消と考えればよく、「じ」よりも強い意味となる。

**意味**

**(1) 打消推量（〜ないだろう）**

▼三人称でよく用いられる。

例文 冬枯れのけしきこそ、秋にはをさを劣る**まじけれ**。（徒然草）

（冬枯れの様子は、秋にはほとんど劣ら**ないだろう**。）

**(2) 打消意志（〜まい・〜ないつもりだ）**

▼一人称でよく用いられる。

例文 敵《かたき》の手には渡る**まじ**。（平家物語）

（敵の手にはかかる**まい**。）

今回は「まじ」です♪

意味多すぎてめっちゃムズそうじゃん…。

はじめから諦めるなどあるまじきことですよ。

マジで?!

違う「まじ」ですよ！（怒）

まあまあ(笑)。おもしろい応酬でしたね。今ちょうど「あるまじき」と使っていましたが、「まじ」は現代でも少し使いますね。タツヤくんの言う通り、けっして簡単とは言えないかもしれませんが、「べし」の打消と考えれば理解しやすくなると思いますよ。

「べし」も難しかったけど、でも上段の「判別のめやす」があればある程度はいけるかな…。

あくまでめやすですが、「判別のめやす」にあるように、一人称は打消意志、二人称は不適当・禁止、三人称は打消推量、「は

**(3) 打消当然（〜はずがない）**

例文 いとある**まじき**ことなり。（枕草子）

（まさにある**はずがない**ことだ。）

**(4) 不適当（〜ないほうがよい）**

▼二人称でよく用いられる。

例文 妻《め》といふものこそ、男《をのこ》の持つ**まじき**ものなれ。（徒然草）

（妻というものは、男が持た**ないほうがよい**ものだ。）

**(5) 不可能（〜できない）**

例文 えとどむ**まじけれ**ば、たださし仰ぎて泣きをり。（竹取物語）

注　え〜打消：〜できない

（止める**ことができない**ので、ただ仰ぎ見て泣いている。）

**(6) 禁止（〜てはならない・〜するな）**

▼会話文の言い切りの形（二人称）で用いられることが多い。

例文 人にも漏らさせ給ふ**まじ**。（源氏物語）

（誰にも漏らしなさっ**てはならない**。）

**〈判別のめやす〉**

一人称は(2)打消意志／二人称は(4)不適当・(6)禁止／三人称は(1)打消推量／「はずがないもの」は(3)打消当然／「え」があったら(5)不可能。



ずがないもの」は打消当然、「え」があったら不可能、と覚えておけばだいぶ楽になると思います。もちろん微妙なものもありますが、判別が難しすぎるものや学説が分かれるものはテストでは問われません。明らかなものがわかればいいのです。

そっか、明らかなものだけわかればいいのか。

あくまで受験勉強ですからね。もちろん興味を持って微妙な判別を考えようという姿勢も大歓迎ですが、まずは明らかな所をしっかりと、です。

わたしはマニアックな判別もわかりますけどね。

こぶたんー!!　いつか見てろよ!!

# 入試にチャレンジ3　助動詞2

学習日　／

**1**　傍線部の現代語訳として最も適当なものを次の中から選べ。（成城大）

惜しむよしして乞はれんと思ひ、

イ　惜しそうなそぶりをせずに乞われることを思い、
ロ　惜しそうなそぶりをせずに乞うことができると思い、
ハ　惜しそうなそぶりをしながら乞われまいと思い、
ニ　惜しそうなそぶりをしながら乞われたいと思い、

**2**　傍線部の助動詞の意味として最も適当なもの一つを、左記各項の中から選べ。（立教大）

北の方の御心地いやまさりに重りにければ、ことごとなし、「帥殿《そちどの》いまひとたび見たてまつりて死なん、帥殿いまひとたび見たてまつりて死なん」といふことを、寝ても覚めてものたまへば、

①推量　②意志　③強調　④打消　⑤完了

**3** 傍線部「む」の文法的意味について、一つだけ異なるものがある。適当なもの一つを選べ。（同志社大）

①それを乞はむと思ひて
②それ一つ給はらむ
③鷹《たか》を与へむとするに
④さらば異鷹を奉らむ
⑤いかにいはむや、心あらむ人は

**4** 「答へもせんは悪しからじ」とはどのような意味か。次の中から選べ。（上智大）

a 答えようとするのは悪くはないだろう
b 答えようとするのは良くないことだろう
c 答えないというのは本当に良いことである
d 答えないというのは必ず悪いことになるのである

**5** 空欄□に、助動詞「べし」を最も適切な形に活用させて入れよ。

うるはしく正しからむをば実有る歌とぞ申し侍る□候ふ。

（早稲田大）

**6** 傍線部の解釈として適当なものを次のうちから一つ選べ。

山家に河あるべからずとは、たれが定めて侍るにか。

①山家にも河が当然あるはずだということは、定まっていて誰でも知っています。
②山家のそばに河がないのは常識で、誰かが定めたのではありません。
③山家にも河はある方がよいと定めたのは誰なのでしょうか。
④山家に河はながれていないものだと定めたのはいったい誰ですか。
⑤山家のそばに河があってはならないなどとは、誰も定めてはいません。

（同志社大）

**7** 傍線部の現代語訳として最適なものを次から選べ。

金を愛せざる故、金を持たぬなり。金を愛しなば持たぬといふことあるべからず。

（青山学院大）

ヒント　愛しなば：もしも愛しているならば

ア　あるはずがない
イ　あってはならない
ウ　あるとはいえない
エ　あるにちがいない
オ　あるわけではない

**8** 傍線部「あるまじき」の意味としてもっとも適切なものを選べ。

「いと恐ろしくあるまじきあやまちなりけれ」という自覚が、

（早稲田大）

①理想的な
②すさまじい
③あってはならない
④おかしやすい
⑤怠惰な

**9** 傍線部の意味として最適なものを次から選べ。　（青山学院大）

あるまじき事なり。

ア　あるかもしれないことだ　　イ　めったにないことのようだ
ウ　きっと起こるにちがいない　　エ　あってはならないことである
オ　生きていけないことになるのだ

## 解答解説

**1**　ニ

「ん」＝「む」の訳をしている選択肢はニだけです。ここでは「意志」の意味になっています。

現代語訳　惜しそうなそぶりをしながら乞われたいと思い、

**2**　②

一人称の発言ですから、「意志」を選びます。

現代語訳　夫人のご病気がいよいよひどく重くなると、他のことではない、「帥殿にもう一度お会いして死のう、帥殿にもう一度お会いして死のう」ということを、寝ても目覚めてもおっしゃるので、

**3**　⑤

⑤だけが体言の前の「む」ですから婉曲となります。

現代語訳　①それを求めようと思って

②それを一ついただこう
③鷹を与えようとするが
④それならばほかの鷹を差し上げよう
⑤どのように言うだろうか、物の道理がわかるような人は

**4** a

「答へもせんは」の「ん」は婉曲ですから、直訳すると「答えようとするようなことは」、「悪しからじ」は「悪くはないだろう」となります。そこからaを選びます。

現代語訳　答えようとするようなことは悪くはないだろう

**5** べく

「候ふ」は用言なので、連用形にします。

現代語訳　美しく整っているような感じのものを実のある歌と申します［ことができ］ます。

**6** ⑤

「と」の前は会話だと考えられますから、二人称「命令」と推定できます。

現代語訳　山家のそばに河があってはならないなどとは、誰が定めたでしょう、いや誰も定めてはいません。

**7** ア

「べし」の意味はアかイなわけですが、「金を愛さないから金を持たないのだ。金をもしも愛しているならば、持たないということは～」という文脈から、「当然」の訳出アを選びます。

現代語訳　金を愛さないから、金を持たないのだ。もしも金を愛しているならば持たないということがあるはずがない。

**8** ③

「まじ」の訳出を考慮しつつ、「あやまち」にかかっていることを考えると、「あってはならない」が選べます。

現代語訳　「大変恐ろしくあってはならない誤りであった」

**9** エ

再度「あるまじき」です。今度は「事」にかかりますが、「あってはならない」の訳は頻出です。再チェックしておきましょう。

現代語訳　あってはならないことである。

# 16 助動詞 まし

| 基本形 | 未然形 | 連用形 | 終止形 | 連体形 | 已然形 | 命令形 | 接続 |
|---|---|---|---|---|---|---|---|
| まし | (ませ) ましか | ○ | まし | まし | ましか | ○ | 未然形 |

▼現実に対する非現実や実現不可能な事柄を想像する気持ちを表す。入試頻出の語。

意味

**(1) 反実仮想(もし～たならば、…ただろうに)**

▼「現実にはそうはならなかった」という意味。

POINT 一般的に「**～ましかば、…まし**」「**～ませば、…まし**」「**～せば、…まし**」などと用いられる。

例文 世の中に絶えて桜のなかり**せば**春の心はのどけから**まし** (古今和歌集)

(この世の中に全く桜がなかっ**たならば**、春の心はのどかであっ**た** **だろうに。**)

今回はテスト超頻出の助動詞「まし」です。はりきっていきましょう。

めっちゃ難しそうなやつじゃん！ 意味多いし！

「吹き出しのなか」と考えれば簡単ですよ。

難しそうに見えますが、こぶたんの言う通り、イメージでとらえると少しわかりやすくなりますよ。私が思うに、「まし」は目の前にないものやことを妄想している感じです。だから未然形につくのではないかと思います。たとえば…タツヤくんは好きな食べ物は何ですか？

ハンバーグ！

では、こんな例ではどうでしょう。

今日の夕げ、ハンバーグならまし。

(2) **願望（～たらよかったのに）**

▼実現できていないことに用いられる。

例文 見る人もなき山里の桜花ほかの散りなむのちぞ咲か**まし**（古今和歌集）

（見る人もいない山里の桜花よ、ほかの花が散った後に咲いてくれ**たらよかったのに**。）

(3) **ためらいの意志（～ようかしら・～ようかどうしようか）**

▼一般に「や・か・いかに・なに」など、疑問を表す表現を伴って用いられる。

例文 これになにを書か**まし**。（枕草子）

（これに何を書こ**うかしら**。）

(4) **推量（～だろう）**

例文 必ずさるさまにてぞおはせ**まし**（源氏物語）

（きっとそのような様子でいらっしゃる**だろう**）

**〈判別のめやす〉**

「ましかば」「ませば」「せば」があれば(1)反実仮想／「や」「か」「い

---

訳：今日の夕ご飯、ハンバーグならよかったのに。（実際はハンバーグではない）

おお！

この例は「願望」の意味ですね。「ましかば」を使えば「反実仮想」にもできます。

今日の夕げ、ハンバーグならましかば、今宵《こよひ》は幸せならまし。

訳：もし今日の夕ご飯がハンバーグだったならば、今夜は幸せな気持ちでいられただろうに。（幸せではなかった）

おおおおお!!　すご！

語幹用法ですね。このネタわからなかった人、34ページを見るのですよ。

こぶたん解説ありがとう（笑）。もう一つ「ためらいの意志」ですが、タツヤくん、もう一品好きな食べ物を教えてもらえますか。

黒豚のとんかつ！

（汗）

かに」「なに」などがあれば⑶ためらいの意志／それ以外は「まし」の前の内容が実現できなさそうなら⑵願望／実現できそうなら⑷推量。

---

若干ブラックですね…。まあ、普通のとんかつということにしてこのような例はどうでしょう。

夕げ、ハンバーグにやせまし。とんかつにやせまし。

訳：夕ご飯、ハンバーグにしようかな。とんかつにしようかな。

吹き出し＝想像のなかに選択肢があってそれで迷っているんですね。上段の例の「何を書こうか」というのも書く内容をいろいろ想像しているわけです。

そっか！　だから「吹き出し」ってこぶたんが言ったのか！

ダロ。

そうですそうです♪　イメージにうまく関連させて覚えていきましょうね。

はい！

# 17 助動詞 たし・まほし

| 基本形 | 未然形 | 連用形 | 終止形 | 連体形 | 已然形 | 命令形 | 接続 |
|---|---|---|---|---|---|---|---|
| たし | たから | たく〈たかり〉 | たし | たき〈たかる〉 | たけれ | ○ | 連用形 |
| まほし | まほしから | まほしく〈まほしかり〉 | まほし | まほしき〈まほしかる〉 | まほしけれ | ○ | 未然形 |

▼「たし」「まほし」とも、ほぼ同じ意味。

**意味**

**希望（～たい）**

例文

誰《たれ》もみな、あのやうでこそあり**たけれ**。（平家物語）

（誰もが皆、あのようでありたい。）

続きの見**まほしく**覚ゆれど（更級日記）

（続きが見たいと思ったけれど）

---

今回は「たし」と「まほし」です♪

覚えることが少なそうでうれしいっす！

そこかよ。

そうですね（笑）。あまり紛らわしいものはありません。でも「まほし」はそれなりに古文の文章に出てきますし、「あらまほし」なんて言葉もありますよ。

「あらまほし」ってどういう意味？

「理想的だ」ですね。

「あらまほし」は「そうありたい」という意味から「理想的だ」という意味になったのでしょうね。文法というより重要語としてよく出てきます。

メモメモ…せっかくだから覚えよう。

いいですね。文法の勉強をしながら出てきた重要単語を覚えるのは効率的です。繰り返し触れて定着することにもつながりますから、ぜひ意識していきましょう。

| 基本形 | 未然形 | 連用形 | 終止形 | 連体形 | 已然形 | 命令形 | 接続 |
|---|---|---|---|---|---|---|---|
| **き** | **(せ)** | ○ | **き** | **し** | **しか** | ○ | 連用形※ |
| **けり** | **(けら)** | ○ | **けり** | **ける** | **けれ** | ○ | |

※き＝カ変・サ変は特殊接続

▼ともに過去の回想を表すが、主に**「き」は体験した内容（直接経験）**、**「けり」は伝聞した内容（間接経験）**を表す。

発展 特に**「き」は活用を問われやすい**ので注意。

意味

**(1) 過去（～た・～たそうだ）**

▼伝聞過去「けり」のときは「～たそうだ」と訳すほうがよい場合もある。

例文 鬼のやうなるもの出《い》で来て殺さむとし**き**。（竹取物語）
（鬼のようなものが出てきて（私を）殺そうとし**た**。）

昔男あり**けり**。身はいやしながら母なむ宮なり**ける**。

今回は「き」と「けり」を学んでいきましょう。どちらも過去の意味ですが、「き」と「けり」の違いはわかりますか？

ナニソレ？ ナニソレ珍文法。

おい…それ某番組のパクリですね。おろかなりけり…（訳：雑だなあ…）。

こぶたん「おろかなり」（おろそかだ・雑だ）なんてよく知ってますね（笑）。それはさておき、「き」は直接体験した過去に用いて、「けり」は伝聞した過去や詠嘆に用いるのでしたね。テストには「き」の判別や「詠嘆」の「けり」が出題されますよ。それと…ふふふ。ちょっとこの問題を見てください。

問 傍線部について説明せよ。
小倉山嵐の風の寒**けれ**ば紅葉の錦着ぬ人ぞなき（大鏡）

えー。和歌のなかだから詠嘆！

（昔男がいた。身分は低いものの母は皇族であったそうだ。）（伊勢物語）

**(2) 詠嘆（〜なあ・なんと〜ことよ）** ※**「けり」のみ**

▼和歌や会話でよく用いられる。

例文「かかる人も、世に出でおはするものなり**けり**。」（源氏物語）

（「このような人も、この世に生まれていらっしゃるものなのだ**な**あ。」）

〈判別のめやす〉

和歌や会話の「けり」は詠嘆。

---

ひっかかりましたね。ククク。

うそ！「和歌のなかなら詠嘆」って書いてあったじゃん！

ふふふ。「けり」は何につきますか？

連用形！

「寒」って連用形か？

**ｕ段の動詞の連用形ってないよね…あ!! 形容詞「寒し」の已然形で「寒けれ」か！**

すばらしい。よく気づきました。形容詞已然形の活用語尾「けれ」と助動詞「けり」の已然形「けれ」はひっかけ問題で出ますから気をつけましょう。ちなみにこの問題はある私立大学の入試問題なんです。タツヤくん、お見事。

マジで！うれしいっス!!

入試といっても基本問題も多いですから大切にしたいですね。ちなみに「けり」は「来・あり」から成立したと言われていて、「今までこう来たんだなあ」ということのようです。ですから、聞いたことを回想したり、詠嘆したりという使い方になったようですね。

# 19 助動詞 つ・ぬ

| 基本形 | 未然形 | 連用形 | 終止形 | 連体形 | 已然形 | 命令形 | 接続 |
|---|---|---|---|---|---|---|---|
| つ | て | て | つ | つる | つれ | てよ | 連用形 |
| ぬ | な | に | ぬ | ぬる | ぬれ | ね | |

▼「つ」と「ぬ」はほぼ同じ意味。

▼完了・強意の意味「～しちゃった！」のイメージで考えるとよい。

発展 **「ぬ」は打消「ず」の連体形との混同に注意。入試頻出。**

**意味**

**(1) 完了（～た・～てしまった・～てしまう）**

▼単独でも用いるが、「てき」「てけり」「にき」「にけり」の形は完了と考える。

例文 思ひのほかに、御髪《みぐし》おろし給う**て**けり。（伊勢物語）

（意外にも、髪をお切りになって出家なさって**しまっ**た。）

三河《みかは》の国、八橋《やつはし》といふ所にいたり**ぬ**。（伊勢物語）

（三河の国の、八橋という所に至っ**た**。）

重要助動詞が続きます。今回は完了・強意の助動詞です！

みんなが嫌いな所ですね。そこのをのこ（男子）も例外でなく。

例外でなく定期試験で泣いた！

でしょうね。

これからできるようになれば問題なし♪

めっちゃ覚えること多くない？

まずは語のイメージから。現代語でいうと、お皿とか割っちゃったときの「やっちゃった！」の「た！」だと言われています。たしかに動作が「完了」した感じがあるでしょう？

たしかに！

そして、過去や完了の言葉の多くは連用形につくのでそれも覚えましょう。特に「ぬ」は前が未然形だと打消になりますから注意です。

試験で見たことあるかも！

### (2) 強意（きっと〜・必ず〜）

▼「てむ」「なむ」「てば」「なば」「てばや」「つべし」「ぬべし」「てまし」「なまし」の形は強意と考える。ただし、「なむ」は違う語の可能性もあるので（⬇p.166）連用形に接続していることを確認しておく。

例文 蠅《はへ》こそ、憎きもののうちに入れ**つ**べく、（枕草子）
（蠅は、不快なもののなかに**必ず**入れるのがよく、）
今日来ずは明日は雪とぞ降り**な**まし（古今和歌集）
（今日来ないなら明日は雪の降るように**きっと**消えているだろう）

〈判別のめやす〉
連用形につく「ぬ」、終止形の「ぬ」は完了・強意／未然形につく「ぬ」、体言の前の「ぬ」は打消「ず」の連体形。

▼覚え方
「**て**む」「**て**き」「**て**けり」の「て」は完了（・強意）
「**な**む」*「**に**き」「**に**けり」の「な」「に」は完了（・強意）
「**て**ば」「**な**ば」「**て**ばや」「**つ**べし」「**ぬ**べし」「**て**まし」「**な**まし」の「て」「な」「つ」「ぬ」はみな完了（・強意）
＊「なむ」は連用形につく場合のみ。

---

初心者がひっかかるんですよ。ククク…。完了の「ぬ」だと終止形、打消の「ぬ」だと連体形だということにも注目です。ちょっと例題を。

問 完了の「ぬ」を選びなさい。
A 黒豚逃げぬ。
B 逃げぬ黒豚。

うわ、「逃ぐ」って下二段活用だから、未然形と連用形同じじゃん！ 性格わる！

語幹用法ですね（笑）

まてよ…Aの「ぬ」は「。」の前だから終止形、Bは「黒豚」の前だから連体形…Aが完了でBが打消！ 正解A！

できて当然ですね。

すばらしい。よく試験に出る問題です。よくできました。判別の覚え方も唱えて覚えましょう。この形はよく出題されますので。

「てむ、てき、てけりの…」がんばって唱えます！

# 入試にチャレンジ4 助動詞3

学習日 ／

1 文中の空欄に入る最も適切な語を、次のア～オの中から一つ選べ。

えせ牛ならましかば、引かれて落ちて、牛もそこなはれ［　］。

ア まじ　イ けり　ウ つる　エ まし　オ たし

（宮城教育大）

2 空欄に入れるのに最も適当なひらがな二字を記せ。

かくと知らましかば、参らざら［　］、とわびしけれども、

（早稲田大）

3 空欄にはどんな言葉を補ったらよいか、ひらがな三字で記せ。

例の御ありさまにてかく見なしたてまつら［　］ば、いかにうれしうはべらまし。

（立教大）

**4** 傍線部の説明として、次のア〜オの中から適切なものを一つ選べ。

今一返も転びなば、互《かたみ》に海へ入りなまし。

（青山学院大）

ア 完了を表す助動詞
イ 尊敬の気持ちを表す助動詞
ウ 過去に関する推量を表す助動詞
エ 事実に反する仮想を表す助動詞
オ 未来についての希望を表す助動詞

**5** 傍線部の口語訳として最も適当なものを、次の中から選べ。

（明治大）

二つ三つにしても翁《おきな》に食はせたらましかば、皆は取られざらまし。

①翁に食わせたなら、こんなにみな取られはしなかっただろうに
②翁に食わせたとしても、こんなふうにみな取られただろうに
③翁が食わせたいのなら、こんなにみな取られなかっただろうに
④翁が食わせたいとしても、こんなにみな取られることはなかっただろうに

**6** 傍線部を現代語訳せよ。 （愛知教育大）

その岩を持ちて、上の山を通り候しに、右左より山のさし出《い》でて、道のいと狭きところにて叶《かな》ひがたく、いかにせましと、ただよひ侍りしに、

**7** 傍線部「まほしく」の終止形は「まほし」であるが、それと同じ意味を表す語を次の中から一つ選べ。（明治大）

さやかに見給ひし昼寝の夢も、ゆくへ知らまほしく、

①たし　②べし　③まじ　④らし　⑤ごとし

**8** 空欄に助動詞「つ」を適切な形に活用させて入れよ。 （広島修道大）

未だ知らざり□故に、負くるなり。

**9** 傍線部のなかで用いられている助動詞は何か。その助動詞の活用形を終止形に変えて記せ。

黒髪の乱れも知らず打ちふせばまづかきやりし人ぞ恋しき

（早稲田大）

**10** 空欄には助動詞「つ」が入る。適切に活用させたものをひらがなの現代仮名遣いで記せ。

この男にも与へ□けり。

（学習院大）

**11** 傍線部「て」の文法的説明として、もっとも適当なものを次の中から選べ。

うちこぼし給ひてむず。

①接続助詞　②格助詞　③断定の助動詞　④完了の助動詞　⑤間投助詞

（東京女子大）

**12** 傍線部の品詞名と意味を答えよ。

遂に王昭君を胡国《ここく》の者に給ひてければ、

（成城大）

品詞

意味

**13**

傍線部の「てむ」の文法的説明として、最も適当なものを次の①〜⑤から一つ選べ。（関西大）

かぢとりら、「黒き雲にはかに出できぬ。風吹きぬべし。み船返してむ」といひて、船帰る。

①完了の助動詞「つ」の連用形に、推量・意志の助動詞「む」の終止形の接続したもの。
②完了の助動詞「つ」の未然形に、推量・意志の助動詞「む」の連体形の接続したもの。
③接続助詞「て」に、推量・意志の助動詞「む」の連体形の接続したもの。
④接続助詞「て」に、推量・意志の助動詞「む」の終止形の接続したもの。
⑤完了の助動詞「つ」の未然形に、推量・意志の助動詞「む」の終止形の接続したもの。

**14**

傍線部の「あくがれなまほしく」の「な」の文法的説明として最も適当と思われるものを、次の中から選べ。（立命館大）

「かう心憂ければこそ、今宵《こよひ》の風にもあくがれなまほしくはべりつれ」と、むつかりたまへば、

①形容詞「なし」の語幹　②名詞「なま」の一部
③助動詞「ず」の未然形　④終助詞
⑤副詞　⑥助動詞「ぬ」の未然形

15 傍線部は過去の助動詞「き」の活用したものである。適切な活用形を次から一つ選べ。（青山学院大）

得心なさざりしかば、

ア 未然形　イ 連用形　ウ 連体形　エ 已然形　オ 命令形

16 空欄には助動詞「き」を活用させたものが入る。最も適当なものを選べ。（青山学院大）

物憂げにおぼしめし候ひ［　］ほどに、

①さ　②し　③しか　④す　⑤せ

## 解答解説

1 エ

反実仮想「～ましかば、…まし」の形です。

現代語訳　もし見かけ倒しで力のない牛であったならば、引かれて落ちて、牛も傷ついてしまっただろう。

**2** まし

「ましかば」を発見すれば「まし」に気づけますね。

現代語訳　もしこうと知っていたならば、参上しなかっ［ただろうに］、とつらく思うけれども、

**3** ましか

後に「まし」がありますから、「ましか」を入れます。なお、「せ」「ませ」もOKですが、三字ですから「ましか」となります。

現代語訳　もしいつもどおりのお姿でこのように拝見［したのであったなら］ば、どんなにうれしかったことでしょうか。

**4** エ

「〜なば、…まし」の形も反実仮想です。

現代語訳　もう一度でも転んでいたならば、たがいに海へ入ってしまっただろうに。

**5** ①

「〜ましかば、…まし」は「もし〜たならば、…ただろうに」と訳します。

現代語訳　もし二つ三つでも翁に食べさせたならば、全部は取られなかっただろうに。

**6** ㈷どうしようか

「ためらいの意志」は「〜ようかしら」「〜ようかどうしようか」などと訳します。

現代語訳　その岩を持って、上の山を通りましたところ、右左から山がつき出して、道が大変狭い所で思いどおりにならず、どうしようかと、あてもなくさまよっておりましたら、

**7** ①

「まほし」と同じ意味になるのは「たし」でしたね。

現代語訳　はっきりとご覧になった昼寝の夢も、その続きが知りたくて、

**8** つる

「故」が体言（名詞）ですから、連体形を答えましょう。

現代語訳　まだ知らな［かった］から、負けるのだ。

**9** き

「かきやり『し』人」の「し」が「き」の連体形です。「恋しき」の「き」は形容詞の活用語尾でひっかけですよ。ひっかかった人は30ページにもどりましょう。

現代語訳　黒髪が乱れるのもかまわずにうつぶしていると、すぐに髪をかきあげてくれた人が恋しい。

10 て

「けり」の前は連用形でしたね。

現代語訳　この男にも与え［た］のだった。

11 ④

「てむ・てき・てけり」の「て」は完了（強意）でしたね。「む」⇒「むず」ですから、「てむず」も同様に考えていいということになります。

現代語訳　きっとおこぼしになるだろう。

12 品詞：助動詞／意味：完了

「てけれ」の形ですから、「てむ・てき・てけり」の「て」で完了です。

現代語訳　ついに王昭君を胡国の者にお与えになってしまったので、

13 ⑤

「てむ」の形ですから、完了の「つ」の未然形に推量・意志の「む」が接続した形です。会話の終わりですから「む」は終止形でよいでしょう。

---

現代語訳　船頭たちが、「黒い雲が急に出てきた。きっと風が吹くだろう。お船を引き返してしまおう」と言って、船がもどる。

14 ⑥

「あくがれ」は「あくがる」の連用形と考えられ、後ろの「まほしく」は未然形につくので、「な」は完了の助動詞「ぬ」の未然形とわかります。また、古文では「今宵」に「昨夜」の意味もあるので注意です。

現代語訳　「このようにつらいので、昨夜の風にもさまよい歩いてしまいたいことでした」と、不平をおっしゃると、

15 エ

「き」の活用はよく出題されるので注意です。

現代語訳　納得しなかったので、

16 ②

「ほど」は体言（名詞）ですから、連体形が入ります。

現代語訳　憂鬱にお思いになりまし［た］ころに、

| 基本形 | 未然形 | 連用形 | 終止形 | 連体形 | 已然形 | 命令形 | 接続 |
|---|---|---|---|---|---|---|---|
| り | ら | り | り | る | れ | れ | 四段の已然形、サ変の未然形 |
| たり | たら | たり | たり | たる | たれ | たれ | 連用形 |

POINT ▼**「り」と「たり」はほぼ同じ意味。**
「つ・ぬ」の完了・強意とは異なり、「り・たり」は**完了・存続**の意味。

**意味**

**(1) 完了（～た・～てしまった・～てしまう）**

例文 いみじう心まうけせさせたまへ**り**。（枕草子）
（とても心配りをなさっ**た**。）
女の兄人《せうと》、にはかに迎へに来**たり**。（伊勢物語）
（女の兄が、急に迎えに来**た**。）

今回は完了・存続の助動詞です…ってタツヤくんがいませんね?? 電話してみましょう。…

ふぁーい。だれ～？

わたしですよ。何しているんですか!?

寝てた～。あ、もうこんな時間じゃん！

タツヤさん、どうもありがとう。ガチャ（即切り）。読者のみんな、この「寝てた」の「た」が完了・存続です。ちなみに「寝過ごしちゃった」なら「た」は完了・強意。

こぶたん某刑事ドラマの警部さんみたいな電話の切り方（笑）。それにしても今の例はいいですね。完了・存続は動作が続いている様子なので、「～していた」という感じになります。今の例ではタツヤくんの「寝る」という動作が完了したときに偶然電話がきたというより、「寝ている最中＝寝ていた」ときに電話がきたのですね。

遅れてごめん！ 話どこまで進んだ？

### (2) 存続（〜ている・〜ていた）

例文　二日、なほ大湊《おほみなと》にとまれ**り**。（土佐日記）
（二日、まだ大湊に泊まって**いる**。）
松の木の枯れ**たる**を見て、（大和物語）
（松の木が枯れ**ている**のを見て、）

〈判別のめやす〉
e段につく「ら・り・る・れ」は完了・存続。
⇔
a段につく「る・れ」は受身・尊敬・自発・可能の可能性あり。

---

出版されたらこのページ読んどけ。

ちなみに「たり」は「〜てあり」から、「り」は「〜いあり」から成立したと言われています。つまり「〜していた」ということでそのままの意味ですね。

テストにはどういうふうに出るの？

やはり「れ」や「る」の判別ですね。例を見てみましょう。

問　傍線部について文法的に説明せよ。
A　人に笑はれぬやうに
B　人に会へれば

たしかに紛らわしい…。

Aは習ったダロ。46ページを見なさい。

あっ、受身の助動詞！「る」の未然形！

思い出したようですね♪　ではBはどうでしょう。e段についているので…。

上段の「判別のめやす」にあるやつだ！完了の「り」の…「ば」の前だから已然形！

すばらしい。このような形でテストに出てきます。e段の後の「ら・り・る・れ」は完了・存続、ぜひ覚えておきましょう。

# 21 助動詞 なり・めり

| 基本形 | 未然形 | 連用形 | 終止形 | 連体形 | 已然形 | 命令形 | 接続 |
| --- | --- | --- | --- | --- | --- | --- | --- |
| なり | ○ | なり | なり | なる | なれ | ○ | 終止形、ラ変には連体形 |
| めり | ○ | めり | めり | める | めれ | ○ | |

発展POINT
**「なり」は、後述の断定「なり」との混同に注意**（⬇p.92）。
「なめり」のように前の語が音便化することがあるので注意（音便の例参照）。

意味

**(1) 推定（〜ようだ）**

▼「なり」は「音《ね》あり」（〜が聞こえる）から推定、「めり」は「見（目）あり」（〜が見える）から推定、とそれぞれ成立したと言われている。一緒に「〜ようだ」と覚えよう。

例文 明けはべりぬ**なり**。（枕草子）
注 はべる：〜です。〜ます。
（夜が明けてしまう**ようです**。）

---

今回は推定の「なり・めり」です♪

上級者向きの単元ですね。

ってことは俺もついに上級者!?（きらりん）

調子にのるな。

今回も語源の説を紹介しますね。「なり」は「音あり」が縮まって「なり」になったと言われています。ですから、その音から推定（〜ようだ）の意味が出たようですね。音で聞いているのですから、「伝聞」（〜だそうだ）となるのも納得です。

たしかに!

「めり」は「目あり」か「見あり」から来た言葉のようです。見えたことから「〜ようだ」と推定するわけです。こちらは婉曲の意味もあります。両者とも終止形接続ですね。

「今そうなっている」「そうなりそう」なのが終止形接続なんだよね?

願はしかるべき事こそ多かめれ。（徒然草）

（願わしく思うはずのことが多いようだ。）

**(2) 伝聞（〜そうだ・〜と聞く）※「なり」のみ**

例文 男もす**なる**日記《にき》といふものを（土佐日記）

（男性も書く**という**日記というものを）

**(3) 婉曲（〜ようだ）※「めり」のみ**

例文「もののあはれは秋こそまされ」と人ごとに言ふ**めれ**ど、（徒然草）

（「しみじみとした趣は秋が優れている」と誰もが言う**ようだ**が、）

〈音便の例〉

・多かるめり—多かんめり（表記：多かめり）
・あるめり—あんめり（表記：あめり）
・なるめり—なんめり（表記：なめり）
・あるなり—あんなり（表記：あなり）
・なるなり—なんなり（表記：ななり）

---

そう覚えていて問題ないと思います。「べし」もそうですし、これから学ぶ「らし」や「らむ」もそう考えていい言葉です。

接続って大事だなあ。

そうですね。それと、今回は音便も大切です。「a段るなり」「a段るめり」という言葉は、「a段んなり」「a段んめり」と読み、「a段なり」「a段めり」と表記されます。たとえばこんな感じ。

あるなり→あんなり（表記：あなり）
なるめり→なんめり（表記：なめり）

**見たことあるかも！**

品詞分解でよくテストに出ますよ。

「なり」「めり」は意味もよく出ますが、音便も頻出ですから注意ですね。それと「なり」にはまた…。これは次回のお楽しみとしましょう。

気になるーーー。

読者のみんな、続けて読んでくださいね。

# 22 助動詞 なり・たり

| 基本形 | 未然形 | 連用形 | 終止形 | 連体形 | 已然形 | 命令形 | 接続 |
|---|---|---|---|---|---|---|---|
| **なり** | **なら** | **なり〈に〉** | **なり** | **なる** | **なれ** | **なれ** | 体言、連体形 |
| **たり** | **たら** | **たり〈と〉** | **たり** | **たる** | **たれ** | **たれ** | 体言 |

▼「なり」と「たり」はほぼ同じ意味（断定）。

POINT **「なり」は、前述の伝聞・推定「なり」との混同に注意**（➡p.90）。

▼「なり」は「〜にあり」から成立したと言われている。

▼「たり」は「〜とあり」から成立したと言われている。いっぽう、完了の「たり」は「てあり」から成立したと言われている。

▼「たり」は漢文訓読調に多く、平安時代の文ではあまり出てこない。

---

今回は断定の「なり・たり」について学びましょう。

先生、「なり」ってたくさんある気がするんだけど…。

ご名答。実は「なり」「〜なり」という言葉はたくさんあって、よくテストに出る重要なポイントです。

やっぱりー!! どうやって覚えればいいの??

では整理しておきましょう。

①状態・性質＋「なり（に）」
…形容動詞

②体言・連体形（＋助詞）＋「なり」
…動詞「鳴る・成る・為る」等の連用形「なり」

③体言・連体形＋「なり」
…断定・存在の助動詞「なり」

④終止形・ラ変連体形＋「なり」
…伝聞・推定の助動詞「なり」

**意味**

**(1) 断定（〜だ・〜である）**

例文 三月《やよひ》のつごもり**なれ**ば、京の花、盛りは皆過ぎにけり。（源氏物語）

（三月の末日**である**ので、京の桜の花は、盛りは皆過ぎてしまった。）

清盛、嫡男**たる**によって、その跡をつぐ。（平家物語）

（清盛は、嫡男**である**ことから、その跡を継ぐ。）

**(2) 存在（〜にある・〜にいる）※「なり」のみ**

例文 「壺《つぼ》**なる**御薬たてまつれ。」（竹取物語）

（「壺**にある**お薬を召し上がれ。」）

**〈判別のめやす〉**

体言・連体形につく「なり」は断定・存在。

⇔

終止形（ラ変は連体形）につく「なり」は伝聞・推定。

---

おお！

②は文脈で判断するとしても、そのほかは前の語をよく見る必要がありますね。

だから「接続」が大事なんだ…。再実感。

今頃気づいたか。

フィーリングでやらずに、理屈でしっかり判断することが大切ですね。テストに出る所はある程度決まっていますから！

はい、まずはこの四つの判別を復習します！ がんばるぞ！

次回は「らし」ですよ。

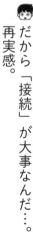

| 基本形 | 未然形 | 連用形 | 終止形 | 連体形 | 已然形 | 命令形 | 接続 |
|---|---|---|---|---|---|---|---|
| らし | ○ | ○ | らし | らし〔らしき〕 | らし | ○ | 終止形、ラ変には連体形 |

POINT **現代語の「らしい」に近いと覚えよう。**

▼音便を伴うことがある（音便の例参照）。

意味

**（根拠ある）推定（〜らしい）**

▼推量の助動詞のなかでも確信の強い表現と言われる。

▼ほかの助動詞と異なり、疑問の「や」や「か」を伴うことがない。

例文 春過ぎて夏来たる**らし**（万葉集）

（春が過ぎて夏が来た**らしい**）

〈音便の例〉

---

助動詞もあと少しですね。今回は「らし」です。根拠ある推定の意味になります。

根拠ある推定ってどういうこと??

現代語の「らしい」に近い言葉ですが、もっと確信が強いニュアンスみたいですね。ですから疑問の「や」「か」は伴いません。もちろん終止形につきます。

疑問にならないなんてめっちゃ自信ある感じじゃん！

来月の豚リンピック200メートル走は、トンデサイタマが勝《まさ》るらし。

トンデサイタマって誰だよｗｗｗ

失敬な！　東日本最強と言われている最速の豚ですよ。翔《と》ぶように速いと評判の彩の国黒豚で、西日本のタネガシマキングにも負けないと思います。

それで「勝るらし」…。

・あるらし―あんらし（表記：あらし）
・けるらし―けんらし（表記：けらし）
・なるらし―なんらし（表記：ならし）

助動詞問題の解き方２

こぶたんはよほどの確信があるみたいですね。「らし」を使っています。
勝るらむ　（勝つだろう）
勝るなり　（勝つようだ）
勝るらし　（勝つらしい）

そういうニュアンスか！

それと「なり」「めり」と同様、音便を伴うこともあります。「あんらし」「けんらし」など。

「なり」「めり」と接続が同じなだけあって形も似てるんだね！

いい所に気づきましたね。まとめて覚えるといいでしょう。

忘れた君は90ページを見てください。

―一か月後

んでトンデサイタマは優勝したの？

…。勢いあまって空を翔んで失格です…。すごい速さでしたが…200メートル「走」ですので…。

根拠ある推定でも、断定や事実とは違いますからね（笑）

気を取り直して…次回は「らむ」「けむ」。

# 24 助動詞 らむ・けむ

| 基本形 | 未然形 | 連用形 | 終止形 | 連体形 | 已然形 | 命令形 | 接続 |
|---|---|---|---|---|---|---|---|
| らむ（らん） | ○ | ○ | らむ（らん） | らむ（らん） | らめ | ○ | 終止形、ラ変には連体形 |
| けむ（けん） | ○ | ○ | けむ（けん） | けむ（けん） | けめ | ○ | 連用形 |

▼「らむ」と「けむ」は時制が異なるが、用法はほぼ同じ。
▼「らむ」を「らん」、「けむ」を「けん」と書くこともある。

**意味**

**「らむ」⑴ 現在推量（〜ているだろう）**
▼現在の視界外の事柄への推量。
例文 いかに心もとなくおぼす**らむ**（十訓抄）
（さぞ気がかりにお思い**でいるだろう**）

**「けむ」⑴ 過去推量（〜ただろう）**
例文 いかなる所にかこの木はさぶらひ**けむ**。（竹取物語）
（どのような所にこの木はありまし**たでしょう**か。）

---

助動詞もクライマックスに近づいてきました！「らむ」と「けむ」を学んでいきましょう。

あと一歩…で難しそうなやつがきた（泣）

すぐ弱気になるのは全く変わってませんね。最近少し直ったかと思えば…。

難しそうに見えますが、「む」の仲間だと思えばきっと大丈夫ですよ。「む」を未来に向けた推量だとすれば、「らむ」「けむ」は今と過去に向けた推量です。

わたしは「む」に「らし」の「ら」が合体したのが「らむ」で、「む」に「けり」が合体したのが「けむ」と勝手に覚えましたよ。

ナニソレ??　珍〇景??

をい。

こぶたんの覚え方は若干無理してる感じではありますが、一理あります。ちょっと表にしてみましょうか。

**「らむ」(2) 現在の原因推量（〜のだろう）**

例文 みかの原わきて流るるいづみ川いつ見きとてか恋しかる**らむ**
（みかの原からわいて流れるいづみ川の名のように、いつ見たというのでこんなに恋しい**のだろう**。）（新古今和歌集）

**「けむ」(2) 過去の原因推量（〜たのだろう）**

例文 などか習はざり**けん**。（徒然草）
（どうして習わなかっ**たのだろう**。）

**「らむ」(3) 現在の伝聞・婉曲（〜とかいう・〜ような）**

▼「む」の用法と同じ。文中・体言の前でよく用いられる。

例文 人の言ふ**らむ**ことをまねぶ**らむ**よ。（枕草子）
（人が言う**ような**ことをまねする**とかいう**ことだよ。）

**「けむ」(3) 過去の伝聞・婉曲（〜たという・〜たような）**

例文 向かひ居たり**けむ**ありさま、（徒然草）
（向かいあって座ってい**たような**有様は、）

**〈判別のめやす〉**

疑問の表現・「已然形＋ば」を伴うと(2)原因推量／体言の前で(3)伝聞・婉曲／それ以外は(1)推量。

| 語 | 接続 | 意味のイメージ |
|---|---|---|
| む | 未然形 | これから〜だろう・〜しよう |
| らむ | 終止形 | 今〜ているだろう |
| けむ | 連用形 | 過去に〜ただろう |

全部「〜だろう」ですから、「む」の仲間という感じですよね。「らむ」は今まさにという感じで終止形につきます。「けむ」は過去ですから「けり」「き」などと同様に連用形につきます。

たしかに!!　でも上段(2)の「原因推量」って何？

ほぼ同じ意味ですが、疑問の表現や「已然形＋ば」を伴うときは原因推量、という理解でいいですよ。テストに出るのはほとんどがこのパターンです。体言の前だと婉曲になるのは「む」と同じです。

簡単だろ。

整理すると難しくないかも（笑）。覚えてみます！

# 25 助動詞　ごとし

| 基本形 | 未然形 | 連用形 | 終止形 | 連体形 | 已然形 | 命令形 | 接続 |
|---|---|---|---|---|---|---|---|
| ごとし | ○ | ごとく | ごとし | ごとき | ○ | ○ | 連体形、助詞「の」「が」 |

▼漢文訓読調の文でよく用いられる（古文での出題はまれ）。

発展 漢文での出題時（如・若）は、ひらがなで書き下すので注意。
参考：「若」は「もし」（もし〜）／「ごとし・しく」（〜（の）ようだ）／「なんぢ」（お前）などと読むので気をつけよう。

**意味**

**(1) 同一・比況（〜（と）同じだ・〜（の）ようだ）**

例文 六日《むゆか》、昨日の**ごとし**。（土佐日記）
（六日、昨日**と同じだ**。）

**(2) 例示（〜のような）**

例文 和歌・管弦《くわんげん》・往生要集《わうじやうえうしふ》**ごとき**の抄物《せうもつ》を入れたり。（方丈記）
（和歌・管弦の本や『往生要集』**のような**抜き書きを入れてある。）

---

助動詞ラストです！　でも…。

でも？

「ごとし」は古文のテストにほとんど出てきません（笑）

えーーーー！　じゃあ勉強するの無駄？

無駄ならこのページがあるわけないダロ。

こぶたんありがとう（笑）。古文のテストで「ごとし」が問われるのはまれですが、傍線部訳に含まれていたり本文にあったりもしますからね。それと漢文では一転大活躍です。漢字の読みや書き下し文、現代語訳問題などで幅広く出題される重要語です。

へー！　でもこの参考書「古文の文法」だよね？

思慮が浅いですね。

「古文」は「漢文」と合わせて「古典」という科目ですからね。それに、漢文で

助動詞の覚え方

これで助動詞は完璧のごとし
文法はまだ続くけどね

は「古文の助詞・助動詞は書き下し文ではかなで書く」というルールがあったり、書き下し文が古文になったりしますから、やはり古文の知識が必要になるのです。ですから、ここで学ぶ必要があるのですよ。

そういうことです。

**じゃあ古文が得意になれば漢文も得意になるかもってこと!?**

可能性は高いですね♪　もちろん漢文特有の知識もありますが、共通点は生かせるはずですよ。逆も然《しか》りで、漢文で得た知識が古文で生きることもよくあります。

だから黙って学べ。

そっか！　よく考えれば一つ学んだらほかでも生かせるって効率いいよね。改めてがんばろうって思えた。

がんばりましょうね！

次回は助詞！　…の前に入試問題にチャレンジしましょう。

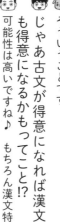

# 入試にチャレンジ5 助動詞4

学習日　／

**1** 空欄ア・イ・ウに入る完了の助動詞はなにか。次の①～⑤の中から最も適当な組み合わせを選べ。（早稲田大）

・はえばえしく見え［ア］当座、これ、見より出《い》で来たる能なり。
・かやうの事のあるとだに知れ［イ］者なし。
・これは、亡父のひそかに申し伝へにしによって、身にわきまへ［ウ］。

①ア　たる　　イ　たる　　ウ　たり
②ア　たる　　イ　る　　ウ　たり
③ア　る　　イ　る　　ウ　り
④ア　る　　イ　たる　　ウ　り
⑤ア　たる　　イ　る　　ウ　り

**2** 傍線の語の中で、断定の助動詞はどれか。適当なものを一つ選べ。

A あやしげなる　B 久しくなりにけり　C おろかならず
D 覚ゆるなり　E 参らずなりにければ

（神戸学院大・改題）

**3** 傍線部と同じ意味の「なり」を次の中から一つ選べ。

位を退いて後は、ままさるためしもあんなり。

ア 悪しく探ればなきなり
イ 秋の野に人まつ虫の声すなり
ウ 三つ四つ、二つ三つなど飛び急ぐさへあはれなり
エ この子いと大きになりぬれば
オ よき一言は言ふものなり

（東京女子大）

4 空欄の中に入る最も適切な語を次の中から選べ。なお、「こそ」の後は文末が已然形になる。（名城大・改題）

まことにこそおはします［　］。

ア めり　イ める　ウ めれ　エ めろ

5 （あ）〜（え）のうち、古典文法としてはまちがった用い方をしているものを一つ選べ。（龍谷大）

（あ）来《く》るめり　（い）持て来たれば
（う）あるべし　（え）詠み給ふらむ

6 傍線部について、その中に用いられている助動詞の文法的な意味を記せ。（甲南大）

それもきのふけふの世間なれば、諸事にむつかしくやありけむ、たたけどもたたけども音もせず。

7

傍線部の現代語訳として正しいものを次の中から一つ選べ。

秋深み雲居の雁《かり》の声すなり衣うつべき時や来ぬらむ

①季節外れの衣を捨てられる季節になった
②衣を叩く夜仕事をしなければならないよ
③衣を砧《きぬた》で打つのにふさわしい季節になったのだろうか
④冬の衣を準備しなければならないつらい季節がやってきたなあ
⑤穴のあいた衣を繕うことができる季節になったよ

（獨協大）

# 解答解説

**1** ②

「見え」は下二段活用「見ゆ」の連用形ですから「たり」が接続します。「知れ」は四段活用「知る」の已然形ですから「り」が接続します。「わきまへ」は下二段活用「わきまふ」の連用形ですから「たり」が接続します。

現代語訳
・華やかに見え［ている］そのときは、これは、見た目から生まれてきた能である。
・このようなことがあるとさえ知っ［ている］者はいない。
・これは、亡き父がひそかに言い伝えたために、私が心得［たことだ］。

---

**2** D

「体言・連体形＋なり」が断定の形ですから、連体形である「覚ゆる」を選びましょう。

現代語訳
A あやしげな　B 長い期間になった
C 並々でなく　D 思われるのだ

E　参上しなくなってしまったので

**3**　イ

「あんなり」は「あるなり」の音便したもので、この「なり」は伝聞・推定の意味でしたね（➡p.90）。伝聞・推定の「なり」は終止形からラ変の連体形に接続しますから、イが正解となります。

現代語訳　地位を降りた後は、時々そういう例もあるそうだ。

ア　下手に探すからないのだ

イ　秋の野に人をまつという松虫の声がするようだ

ウ　三つ四つ、二つ三つと飛んで急いでいるのまでもがしみじみと感じられる

エ　この子が大変大きくなったので

オ　よい一言は言うものだ

**4**　ウ

「めり」の已然形は「めれ」でしたね。

**5**　（あ）

現代語訳　ほんとうでございます［ようです］。

「めり」は終止形からラ変の連体形に接続します。「来る」はカ変の連体形ですのでまちがっています。本来は「来めり」ですね。

現代語訳　（あ）来るようだ　（い）持って来たところ　（う）あるだろう　（え）お詠みになるだろう

**6**　過去の原因推量

「けむ」や「らむ」は、疑問の表現（「や」「か」など）や「已然形＋ば」を伴っていると原因推量の意味になるのでしたね。今回は「けむ」ですから「過去の原因推量」と答えましょう。

現代語訳　それも昨今の世間なので、いろいろに難しかったのだろうか、たたいてもたたいても返事がない。

**7**　③

疑問の「や」を伴うので「らむ」はここでは現在の原因推量と考えられます。「ぬ」「らむ」で「〜たのだろうか」と訳せますね。

現代語訳　秋が深まったので空で雁の声が聞こえる。砧で衣を打つのにふさわしい季節がきたのだろうか。

# 26 助詞　格助詞

「格」とは、**名詞の役割を変化させて主語・目的語・修飾語等、働きを与えるしるし**、と考えておこう。「格」を作るので**格助詞**という。

現代語の例：先生**が**来る（主語を作る）

こぶたん**の**おやつ（修飾語を作る）

▼主に体言・連体形につく（接続は覚えなくてOK）。ちなみに「と」は様々な語につき、「より」は接続助詞「て」にも接続する。

POINT まずは「**の**」「**が**」を覚えよう！

〈主な格助詞〉

▼**「の」「が」**

①**主格（〜が）：主語を作る。**

例文 人**の**あやしみ見ること限りなし。（徒然草）

（人**が**あやしんで見ることはこの上ない。）

②**連体修飾格（〜の）：後の体言を修飾する。**

---

ついに助詞の単元に入ります！

無理むりムリ！　絶対わかんないって！

君という人は…姿勢が進化していない。

大丈夫ですよ。今まで通り、テストに出る所から理解を進めましょう。

こぶたんも相変わらず俺に厳しい…先生、助詞ってそもそも何??

助詞は「付属語で活用しない語」です。種類もいくつかあって本気でやると奥が深いですが、テストに出る所は限られます。

やっぱ難しそうじゃん！　格助詞とか副助詞とか、名前が難しそうだし!!

みなさん名前だけでいやがります。でも、覚えることはそこまで多くないんですよ。今回は格助詞を学びます。

格助詞は何を覚えればいいんですか?

格助詞は「格」＝「名詞の役割を変化させるしるし」を名詞に与えるものです。「の・が」が圧倒的にテストに出るので、この二つだけ覚えましょう。上段では古

例文 梅が香を袖にうつして（古今和歌集）
（梅の香りを袖にうつして）

③同格（〜で）：ある言葉について補足説明する。

例文 青き瓶《かめ》の大きなるを（枕草子）
（青い瓶で大きいものを）

④準体格（〜のもの）：体言に近い働きをする。

例文 柿本人麻呂がなり。（古今和歌集）
（柿本人麻呂のものだ。）

⑤連用修飾格（〜のように）：後の用言を修飾する。

例文 例の集まりぬ。（竹取物語）
（いつものように集まった。）

〈その他の格助詞〉

▼「を」「に」「へ」「と」「より」「にて」「して」「から」（➡別冊p.18）

---

語で説明しているので、ここでは現代語で説明しますね。

①主格（主語を作る）：こぶたんが走る。（「が」のおかげで「こぶたん」が主語になります）

②連体修飾格（体言を修飾する）：バラの香り（「の」のおかげで「バラ」が「香り」を修飾できます）

③同格（ある言葉を補足説明する）：ジュースのうんと甘いやつが飲みたいな。（「の」のおかげで「ジュース」に「うんと甘いやつ」という説明がつきます）

④準体格（体言に近い働きをする）：その辞書、私の！（「の」のおかげで「私のもの」という体言に近い働きができます）

⑤連用修飾格（用言を修飾する）：やかんでお湯を沸かす（「で」のおかげで「やかん」が「沸かす」を修飾できます）

先生の説明はわかりましたか？

先生「の」説明…連体修飾格！

お見事♪ まずは「の・が」の、五つの働きを覚えれば大丈夫です。

## 27 助詞　接続助詞

**接続助詞**とは、主に活用語についてその**語句と次の語句とをつなげる働きをする**語である。

▼語ごとに接続が決まっている（重要なもののみ覚えよう）。

POINT まずは「**ば（は）**」「**と・とも／ど・ども**」を覚えよう！

〈主な接続助詞〉

▼「ば（は）」

**①未然形＋ば（は）：順接仮定条件（もし〜ならば）** ★特に頻出

例文 月の都の人まうで来《こ》**ば**捕へさせむ。（竹取物語）

（月の都の人が**もし**参上して来る**ならば**捕えさせよう。）

**②已然形＋ば：順接確定条件**

A原因（〜ので） ★特に頻出

例文 矢ごろ少し遠かりければ、海へ一段《いったん》ばかり打ち入れたれども（平家物語）

（矢の射程には少し遠かった**ので**、海へ一段ほど馬を乗り入れたけれども）

---

今回は接続助詞を学びましょう。

なんか、今回のはわかりやすそうな名前。

已然形の後の「ば」とか、連用形の後の「て」とかは接続助詞ですよ。

ああ！　今までも見てたやつだ！

そうなんです。それで今回覚えてもらいたいのは「ば（は）」と「と・とも／ど・ども」です。特に「ば（は）」はテスト頻出ですね。

おっけ！

ちょっと。親しき中にも礼儀ありですよ。

こぶたん厳しい…。

君を思えばこそです。

こぶたん、「ば」を使っていますね（笑）。まず「ば」を整理しましょう。上段にもあるように、前が未然形か已然形かで意味が違ってきますので注意です。

①未然形＋ば（は）：もし〜ならば（順

**B偶然（たまたま〜たところ）**

例文 舟にて渡りぬれば、相模《さがみ》の国になりぬ。（更級日記）
（舟で渡ったところ、相模の国になってしまった。）

**C恒常（〜といつも）**

例文 この子を見れば苦しきこともやみぬ。（竹取物語）
（この子を見るといつも、つらいこともおさまってしまう。）

**▼「と」「とも」／「ど」「ども」**

**①と・とも：逆接仮定条件（〜ても・〜としても）** ★接続は覚えなくてよい（終止形が多い）。

例文 穂に出《い》でたりとかひやなからむ（蜻蛉《かげろう》日記）
（穂が出たとしてもそのかいはないことだろうか）

**②已然形＋ど・ども：逆接確定条件（〜だが・〜けれども）**

例文 まばゆけれど、念じて見などす。（枕草子）
（恥ずかしいが、我慢して見たりなどする。）

〈その他の接続助詞〉

▼「て」「して」「で」「つつ」「ながら」「に」「を」（⬇別冊p.18）



---

接仮定条件）

②已然形＋ば：〜ので（順接確定条件）

未然形に「ば（は）」がつくと「まだない」ことに「ば」がつくので、「もし（これから〜した）ならば」という仮定の意味になります。いっぽう已然形は「もうそうなっている」ので確定「（もうそうなってしまった）ので」の意味だとイメージしてみてください。しっくりこない人は暗記してしまってもOKです。

未然形だから仮定、已然形で確定、しっくりくる。でも「順接」ってなに？

「前後で大きく意味が変わらない」と思ってください。「逆接」は意味が反対になりますので、一緒に覚えるといいですね。

「順接」は意味が変わらなくて、「逆接」で反対！ 覚えた！

ちなみに、「〜くは」「〜ずは」「〜むは」という形は全部「順接仮定条件」です。「〜ならば」と訳しましょう！

メモメモ…。

もう一つ。「と・とも」は逆接仮定条件、「ど・ども」は逆接確定条件と覚えましょう。

## 28 助詞 副助詞

**副助詞は上の語に副詞の役割をさせる。** 副詞の役割を作るから副助詞、と覚えよう。

POINT 現代語と意味や用法が異なるものがテストに出る（特に「だに」「さへ」「すら」）。「**だに**」「**さへ**」「**すら**」を覚えよう。

▼接続は覚えなくてもOK。

〈主な副助詞〉

▼**「だに」**

① **類推（～でさえ）**

程度の軽いものからそれより重いものを類推させる（AだにB→ましてCは…）。Cは省略されることがある。

例文 麓のほど**だに**、空のけしき、はかばかしくも見えず。（更級日記）

（麓のほう**でさえ**、空の様子が、しっかりとは見えない。）

② **限定・最小限願望（せめて～だけでも）**

例文 散りぬとも香《か》を**だに**残せ梅の花（古今和歌集）

---

今回は副助詞を学びましょう♪

ちょっといける気がしてきた！

少し前まで無理とか言ってませんでしたか？

覚える所を絞ればね♪

調子のいい人ですね…。

副助詞ではまずは「だに」です。入試最頻出の語の一つですね。類推（～でさえ）、限定・最小限願望（せめて～だけでも）があります。

どう使い分けるの？

類推は、程度の低いものを挙げて、それより程度の高いものを類推させます。「水だに飲まで（水さえ飲まないで）」みたいな。水さえ飲まないのだから、「食べ物なんて食べるはずがない」と類推させます。

ほー。だから類推か。

「タツヤだに理解す。ましてこぶたん最

（散ってしまうとしても**せめて**香り**だけでも**残してくれ梅の花よ）

### ▼「さへ」

**添加（〜までも）**

例文　飛ぶ雁《かり》の数**さへ**見ゆる秋の夜の月（古今和歌集）

（飛ぶ雁の数**までも**が見えるほど明るい秋の夜の月よ）

### ▼「すら」

**類推（〜でさえ）**

例文　聖《ひじり》など**すら**さきの世のこと夢に見るはいと難《かた》かなるを、（更級日記）

（聖人など**でさえも**前世のことを夢に見るのは大変難しいことなので、）

〈その他の副助詞〉

### ▼「し」「しも」「のみ」「ばかり」「まで」「など」（⬇別冊p.18）

---

強なり。」訳してみろ。

ちょｗ「タツヤでさえ理解する。ましてこぶたんは最強だ。」断定の「なり」も訳せたよ！

お見事（笑）。「だに」の限定・最小限願望の意味ですが、こちらは「せめて〜だけでも」。文脈で類推か限定・最小限願望か判断します。

「だに」だに忘るまじ！

「せめて『だに』だけでも忘れるな！」か！

すばらしい。ここだけまず押さえてくれるとテストはだいぶ得点しやすいと思います。「だに」を覚えたら「さへ」「すら」をいきましょう。この二つは意味さえ覚えれば大丈夫です。

「さへ」が「〜までも」で、「すら」が「〜でさえ」だね！　今回「だに」をマスターできたら二周目の復習でがんばってみます。いける気がする！

その意気です。がんばりましょうね。

次は終助詞ですよ。

# 29 助詞　終助詞

**終助詞**は主に**文末に用いて意味を添える**語。入試頻出のものは接続とともに問われることもある。

▼終助詞は多数あるが、ここではテスト頻出のものだけを詳しく解説し、そのほかの語は概説に留める。

〈主な終助詞〉

▼**「なむ」**

**願望（〜てほしい）**★未然形に接続

例文　桜花散らずもあら**なむ**（万葉集）

（桜の花は散らない**でほしい**）

▼**「ばや」**

発展　判別に注意！（➡p.166）

**願望（〜たい）**★未然形に接続

例文　今一度見奉ら**ばや**。（平家物語）

（もう一度拝見し**たい**。）

▼**「にしがな・てしがな」**

---

さあ助詞も中盤！　終助詞です。

がんばろー！

めずらしく前向きなはじまりですね…。

俺超まじめで前向きな子になったんで！

…。今まで三日以内に諦めた問題集何冊あるんだよ…。

…ハッ!!

この参考書はやり切りましょうね!!　さて、終助詞はいくつか覚えてほしい語がありますが、まずは「なむ」「ばや」です。どちらも未然形につきますが、「なむ」は判別でテストに出るので要チェックです！「なむ」は何に接続するかで品詞が違ってきます。166ページで詳しく説明しますが、特に気をつけてほしい二つを。

①未然形＋なむ：終助詞「なむ」（〜てほしい）

②連用形＋なむ：強意の助動詞「ぬ」の未然形「な」＋推量・意志の助動詞「む」

**願望（～たい）**★意味のみでOK

例文 いかでこのかぐや姫を得**てしがな**見**てしがな**。（竹取物語）

（どうにかしてこのかぐや姫を手に入れ**たい**結婚し**たい**。）

**▼「もがな」「がな」**

**願望（～であればいいのになあ）**★意味のみでOK

例文 世の中にさらぬ別れのなく**もがな**（古今和歌集）

（世の中に死別がなけれ**ばいいのになあ**）

**▼「な」**

**禁止（～するな）**★意味のみでOK

例文 あなかま、人に聞かす**な**。（更級日記）

（しっ、人に聞かせる**な**。）

**▼「そ」**

**禁止（～するな）**

「な～そ」の形で使われることも多い。

例文 なにか射る。**な**射**そ**。**な**射**そ**。（大鏡）

（なぜ射るのか。射る**な**。射る**な**。）

**〈その他の終助詞〉**

**▼「かし」「かな」**（⬇別冊p.18）



---

（きっと～だろう・きっと～よう）

「なむ・にき・にけり」の「な・に」完了（強意）の助動詞だ!!

よく覚えていましたね！ その通りです。助動詞「ぬ」で勉強したことでしたね。

（今世紀最大のどや顔）

忘れた君、すぐ78ページへ翔《と》びなさい。

もう一つ、「な」「そ」も禁止（～するな）の意味でよくテストに出ます。

今の俺に覚えられないものはないいい!!

では次の傍線部の意味は受身・尊敬・自発・可能のどれ？（みんなもやってみて）

こぶたん女王に即位させ給へれば、

「女王に即位なさったので」だから尊敬!!

愚か者。e段の後だから完了じゃ。「給ふ」に尊敬とかつかないし。

セコー!! 選択肢にないし！

復習すれば気づくはずですよ。なおごらせ給ひそ（訳：調子にお乗りになるな）。

謙虚に復習します…。

## 30 助詞 係助詞

**係助詞**は、「**係り結び**」**を作る**語。係り結びとは、文中の係助詞によって、文末を終止形でない形に変化させることをいう。係り結びを作らない係助詞もあるが、ほとんどテストに出ないので、ここでは係り結びの解説を中心に行う。

POINT 係り結びを作る語は「**ぞ・なむ・や（やは）・か（かは）・こそ**」。

〈係り結びの基本〉

POINT **「ぞ」「なむ」「や（やは）」「か（かは）」**→文末が**連体形**。
**「こそ」**→文末が**已然形**。

▼「ぞ・なむ」は強意のため訳さなくてＯＫ。

▼「や（やは）・か（かは）」は疑問・反語（〜か・〜か、いや違う）で訳す。

▼「こそ」は基本は訳さないが、後出の「特殊な訳をする用法」のように訳す場合もある。

発展 係り結びではないにもかかわらず文末が連体形である場合は、①連体形の後の体言の省略、②連体止め（連体形で終わることによ

---

今回はテスト頻出中の頻出、係助詞と係り結びです！

聞いたことある！

本文中にもよく出てきますからね。まずは係り結びのルールと係り結びを作る語（係助詞）を覚えましょう！

「ぞ」「なむ」「や」「か」が連体形で結んで、「こそ」が已然形だね！

すごい！

俺生まれ変わったんで！（前回のネタの続き）

その意気です！　ちなみに「や」「か」は…。

疑問や反語になるから気をつけるんでしょ！

タツヤくん…すばらしくて感動です。ちなみに「やは」「かは」となると反語が多いですから気をつけましょう。

いやあそれほどでも（本当は予習して先

る余情（詠嘆）の可能性を考える。

発展 「や」「か」がなくても、疑問・反語の副詞（「いかに」「いかで」など）がある場合は文末を連体形で結ぶ。

〈結びの省略〉

▼「に・と」・形容詞及び形容動詞の連用形＋係助詞という形のとき、結びの部分（文末）が省略されることがある。

例 にやあらむ。→にや。／にやありけむ。→にや。（時制で判断）

〈結びの流れ〉

▼本来結びとなる語が結びの形をとらない場合のこと。結びになる語が文中にある場合（文末にならないとき）に起こる。

〈特殊な訳をする用法〉

▼**「もぞ」「もこそ」：懸念（～と困る・～と大変だ）**

例文 雨**もぞ**降る。（徒然草）
（雨が降る**と困る**。）

▼**文中の「こそ―已然形」：強意逆接（～だが・～けれども）**

例文 中垣《なかがき》**こそあれ**、一つ家のやうなれば（土佐日記）
（垣根の隔てがある**けれども**、一つの家のようなので）



に読んだんだけど）。

次に「もぞ」「もこそ」ですが…ってこぶたんがいませんね??

「もこそ」ってなんだっけな…こぶたんいないね？

「もぞ」「もこそ」の逆襲！ きゃははは！ もこそー！

わあっ！ こぶたんがキャラ壊れて大変だ！

**思い出した！「もぞ」「もこそ」は「～すると困る・大変だ」！**

途中がよくわからないけどその通り（笑）

驚かそうと隠れていたんですよ。

最後に、文中の「こそ―已然形」が逆接の訳になることがある点も注意しましょう。

はい！ 係り結びの確認、「もぞ」「もこそ」、文中の「こそ―已然形」、しっかり復習します！

最後までだらけるなよ。

次回で助詞も最終回、間投助詞です！

# 31 助詞 間投助詞

**間投助詞**は、文の間にあって**語調を整えたり、感動・余情・強意などの意味を添えたりする**語。あまりテストには出題されないが、知っておくと安心できるので、概説だけしておく。

▼呼びかけ、体言、文節の切れ目、連体形などにつく。接続は特に覚えなくても大丈夫。

▼ほかの助詞や感動詞などと判別しにくいものもあるが、テストで問われることはまれ。こだわりすぎずに。

〈主な間投助詞〉

▼**「や」「を」「よ」**

**整調（訳さなくても通じる）**

例 見つけて**を**（見つけて**ね**）

**呼びかけ（〜よ・〜ね）**

例 朝臣**や**（朝臣**よ**）

**詠嘆（〜よ・〜だなあ）**

例 まねぶらむ**よ**（まねるらしい**よ**）

---

今回は間投助詞だね！ って先生は？

いないよ。

なんで??

入試にほとんど出ないから来ないって。

うそでしょ⁉

よって、こぶたんの文法復習コーナー‼

まじかよー。

さあいくぞ！（読者のみんなもがんばれ）

問① 傍線部の説明として最も適当なものを次から一つ選べ。

・「心地したる」となむ、

A あつらえの意の終助詞

B 強意の意の係助詞

C 疑問の意の係助詞

D 助動詞「なむ」

E 助動詞「ぬ」＋「む」（中央大）

早く答えろ。爆発するよ。5・4・3…。

（「～を…み」の形で）**形容詞の語幹用法（～が…ので）** ➡p.34

※文末にあれば終助詞とされることもある。

※間投助詞と混同しやすい助詞があるので注意する。

係り結びを作る「や」…係助詞で疑問の意味。

▼**「こそ」**

**（人物名の下について）呼びかけ（～さん・～よ）**

例 北殿**こそ**（北殿さん）

※接尾語と考えられることもある。

※間投助詞と混同しやすい助詞があるので注意する。

「こそ―已然形」…係り結びで「こそ」は係助詞。

▶ 助詞問題の解き方

---

マジかよ！ 前が「と」で連用形じゃないからEじゃない！ Cは「や・か」だから違う！ Dそんな助動詞ないわ！

あと一秒。

あつらえって願望だよな、だからAじゃない。結びがないけどB！

ブー。と見せかけて今のは鳴き声。正解！

やった！

まだまだ。次の問題食らえ。

問② 空欄に動詞「のたまふ」を活用させて入れよ。

・などか物□ぬ。 （熊本大）

まだあんのかよ！「ぬ」の前だから連用形！「のたまひ」だ！

ブー。はずれ。「か」で係り結びだよ。「ぬ」は「ず」の連体形か…無念。「のたまは」ぬ…。

わからない人114ページを見て。

さあ間投助詞…って何やってんの？

こぶたんにいじめられてました。

ふふふ。よく復習しろってことですね。

# 入試にチャレンジ 6
## 助詞

学習日　／

**1** 傍線部の「の」と同じ用法のものを次のうちから選べ。

そのおはします所に、いとあやしげなる尼の、年老いたるありけるに、「女院はいづくにおはしますぞ」と問はせたまひければ、

ア　白き鳥の、嘴《はし》と足と赤き、鴫《しぎ》の大きさなる、水の上に遊びつつ魚《いを》を食ふ。
イ　逢《あ》ひ見ての後の心に比ぶれば昔はものを思はざりけり
ウ　この歌、ある人、近江《あふみ》の采女《うねめ》の、となむ申す。
エ　白玉かなにぞと人の問ひし時露と答へて消えなましものを
オ　はて、とんだものが目に入ったの。

（成蹊大）

**2** 傍線部の現代語訳として最も適切なものを、次のA〜Eの中から一つ選べ。

一言耳に留まらば、吾《わ》が戒に違《たが》ふ事なかれ。

（神戸学院大）

A 私の一言が耳に残ったなら、私の教えに背かないようにしなさい。
B 私の一言が耳に残ったなら、私の教えに間違いはないだろう。
C 私の一言が耳に残ったから、私の教えに間違いはなかった。
D 私の一言が耳に残ったので、私の教えに背くことはないだろう。
E 私の一言が耳に残ったので、私の教えに背かないようにしなさい。

3

傍線部の現代語訳として最も適当なものを次のa〜eの中から一つ選べ。（関西大）

女君、「いとわりなきわざかな。取りだに置かで」と、いと苦しがれば、

a かわりにあなたが受け取って
b わたしの立場を考えないなんて
c わたしのことなど構わないで
d 取りかたづけさえしないままで
e あなたの手元にはおかないで

4

傍線部の意味として、最も適当なものを一つ選べ。（法政大）

「己《おの》れ、年は既に罷《まかり》老いぬ、身の貧《まづし》さは年を経て増《まさ》る。今は此《こ》の生の事、益無き身に候《さぶらひ》ぬれば、『後生をだに助《たすか》らむ』と思ひ給へて、『出家し候ひなむ』と思ひ給へつるに、…

①お願いだから助けてほしい
②せめて来世だけでも救われたい
③死後の世さえ助からないだろう
④晩年だけでも楽をしたい
⑤後は出家の道しかない

5

「着かばや」の意味として最も適当なものを、次のA～Eの中から選べ。（神戸女学院大）

A 着いても良い　B 着きたいものだ　C 着くだろう
D 着くはずだ　E 着けるかもしれない

6
傍線部の助詞の意味として最も適当なもの一つを、左記各項の中から選べ。
「二人ながら我がものにて見ばや」と思す。
①詠嘆　②仮定条件　③願望　④打消　⑤推定
（立教大）

7
空欄を補うのに最も適当なものを次の中から選べ。
「思へば夢なれや、何事もいらぬ世や、後生［　　］まことなれ」と、……
①ぞ　②なむ　③や　④か　⑤こそ
（専修大）

8
空欄に入るべき言葉として正しいものを選べ。
母、女に祓《はら》へをさへ［　　］させける。
①の　②なむ　③ども　④は　⑤こそ
（獨協大）

**9** 傍線部「ぞ」は係助詞である。この係助詞の結びを語の単位で答えよ。（和洋女子大）

今生ひたるぞまじれる。

**10** 傍線部「ぞ見えし」は「ぞ」と「し」が呼応している。このような文法的現象を何と呼ぶか。（青山学院大）

歳のころ十七、八かとぞ見えし。

**11** 傍線部「さうらふにや」の下には語句が省略されている。それを補うのに最も適当なものを左の中から選べ。（中央大）

「しかしかの宮のおはしますころにて、御仏事などさうらふにや」といふ。

A あらむ　B あらめ　C あらざらむ
D はべるべし　E はべるべく

**12**

傍線部分はどういう意味か。最も適当なもの一つを選び、番号で答えよ。

ただたのめほそ谷河のまろ木橋ふみかへしては落ちざらめやは

①落ちるかもしれない
②落ちないだろう
③落ちないはずはない
④落ちてもしかたがない
⑤落ちつく先がない

（立教大）

**13**

傍線部の意味として、最適なものを次の中から選べ。

仰せらるる事、聞き入れるべきかは。

①聞き入れられまい
②聞き入れてほしい
③聞き入れても良い
④聞き入れるようだ

（法政大）

**14**

傍線部の解釈として最も適当なものを一つ選べ。

中垣こそあれ、一つ家のやうなれば、

ア　中垣はあるので
イ　中垣はあるけれど
ウ　中垣はあるようだが
エ　中垣はあるよ
オ　中垣は仮にあっても

（和洋女子大）

**15**

傍線部を正確に現代語訳せよ。

主《あるじ》をこそ殺さね、その名高きには罪大なり。

（福岡大）

**16**

傍線部を現代語訳しなさい。

（日本女子大）

□は、
□て
ゆく人だ。

あな浅まし。人もこそ聞け。

## 解答解説

**1** ア

傍線部の「の」は同格の「の」と考えられますから、アを選びます。

現代語訳　そのいらっしゃる所に、ひどくあやしげな尼で、年をとった尼がいたので、「女院はどちらにいらっしゃるか」とおたずねになったところ、

ア　白い鳥で、くちばしと足とが赤い、鴫の大きさの鳥が、水の上で遊びながら魚を食べる。

イ　あなたに会ってその後の心に比べれば、昔は思い悩むことのなかったことだ。

ウ　この歌は、ある人が、近江の采女という人の歌だ、と申し上げる。

エ　あれは真珠か何か、とあの人がたずねたとき、露と答えて（私も露のように）消えてしまえばよかったのに。

オ　おや、思いがけないものが目に入ったなあ。

**2** A

「未然形＋ば」で仮定（もし～ならば）、「なかれ」は「なし」の命令形ですから、Aが選べます。

現代語訳 （私の）一言が耳に残ったなら、私の教えに背かないようにしなさい。

**3** d

「だに」は「～でさえ」・「せめて～だけでも」の意味ですから、dがすぐに選べます。知っていれば一撃ですね。

現代語訳 女君は、「ひどくたえがたいありさまだなあ。取りかたづけさえしないままで」と、大変に不快がったので、

**4** ②

「だに」を正しく訳しているのは②③ですが、③は「助からむ」の解釈を誤っているので、②が正解です。なお、「後生」は「来世」という意味ですよ。

現代語訳 「私は、年はすでに老いてしまいました、わが身の貧しさは年々まさる。今となってはこの人生のことは、無駄な身でございますので、『せめて来世だけでも救われたい』と思いまして、『出家いたしましょう』と思っていましたところ、…

**5** B

終助詞「ばや」は「～したい」ですから一発ですね。

現代語訳 着きたい

**6** ③

「ばや」は「願望」ですね。忘れた人は112ページ！

現代語訳 「二人とも私のものにして妻にしたい」とお思いになる。

**7** ⑤

文末が断定の助動詞「なり」の已然形「なれ」で結ばれていますから、係助詞「こそ」が選べますね。

現代語訳 「思えば（人生は）夢のようなものだなあ、何もいらないこの世だ、来世（のために祈ること）「こそ」まことの道だ」と、…

**8** ②

文末が過去の助動詞「けり」の連体形「ける」となっていますから、係助詞「なむ」を選びましょう。

現代語訳 母親は、女にお祓いまでもさせたのだった。

**9** る

e段の後の「ら・り・る・れ」は完了・存続の助動詞「り」、に気づけたでしょうか。「り」の連体形が「る」ですね。

現代語訳　今生まれたものが混じっている。

**10**　係り結び

基本用語ですから忘れないように。

現代語訳　年齢は十七、八歳かと見えた。

**11**　A

「にやあらむ」「にやありけむ」は省略されて「にや」となることがあるので気をつけましょう。

現代語訳　「なにがしの宮のいらっしゃる頃で、ご仏事などございますか」と言う。

**12**　③

「やは」「かは」は反語で訳すことが多いので気をつけましょう。傍線部を直訳すると「落ちないだろうか、いや落ちる」ですから、「落ちないはずはない」と訳せます。

現代語訳　ひたすらに細い谷川にかかる丸木の橋を頼りない。何度も踏み直して落ちないことがあるだろうか、いやきっと落ちる。

**13**　①

「かは」が反語と気づけば、即①を選べますね。

現代語訳　おっしゃることを、聞き入れるだろうか、いや聞き入れないだろう。

**14**　イ

115ページの例文でも出てきた有名文です。文中の「こそ―已然形」が逆接に訳される例ですね。イとウで迷いますが、助動詞もありませんので「ようだ」の意はなくイを選びます。

現代語訳　中垣はあるけれど、一つの家のようなので、

**15**　(例)主を殺してはいないけれども

「こそ」の後の「ね」は打消「ず」の已然形だと考えられますから、「ず」の意味と逆接にすることに気をつけて訳しましょう。「主」を「主人」としてもよいでしょう。

現代語訳　主を殺してはいないけれども、その名がよく知られていることは罪が大きい。

**16**　(例)人が聞いたら大変だ・人が聞いたら困る

「もぞ」「もこそ」の意味は必ず暗記ですよ。記述式でも解答できるように！

現代語訳　ああ情けない。人が聞いたら大変だ。

# 序　敬語とは

**敬語**とは、**書き手や話し手が、対象に対して敬う気持ちを表す**言葉。主語や目的語の判別に役立つので重要である。敬語には、**尊敬語・謙譲語・丁寧語**がある。

**尊敬語…主語（動作する人）を高める語。**
**謙譲語…目的語（動作される人）を高める語。**
**丁寧語…読み手や聞き手を高める語。**

それぞれの語については後の項で詳しく説明するので、ここでは敬語を扱うにあたって確認しておきたい用語を説明する。

▼**本動詞**…敬意だけでなく単独で動作の意味を持つ語。
例　おほとのごもる／ご覧ず／召す　など。

▼**補助動詞・助動詞**…用言について敬意を添える語。
例　給ふ／奉る／侍り　など。

▼**接頭語・接尾語**…それぞれ単語の前後について意味を添える語。
例　御／拝／卿《きやう》　など。

---

今回から敬語に入りますよ！

敬語って難しいんでしょ…。

またネガティブ嘆きがはじまった。

基本の仕組みを覚えておけば十分理解できるはずですよ。みなさんこういう問題が嫌いなのではないでしょうか。

問　傍線部の敬語は誰から誰への敬意を表しているか答えよ。
・黒豚王、こぶたんに金印たまひて、
ヒント…「たまふ」はここでは「お与えになる」という尊敬語。

そう！　それ！

上段の図を見ながら聞いてください。敬語の仕組みは単純で、書き手・話し手が主語を高めれば尊敬語、目的語を高めれば謙譲語、読み手・聞き手を高めれば丁寧語です。右の問題では、「黒豚王（主語）が、こぶたん（目的語）に金印をお与え

▼**自敬表現**…自己を対象とした敬語。天皇やそれに準ずる人が用いる。

▼**最高敬語**（二重尊敬）…天皇やそれに準ずる人に用いられる敬意の高い表現。会話文では一般にも用いられる。

例 せ（させ）給ふ

〈敬語の仕組み〉

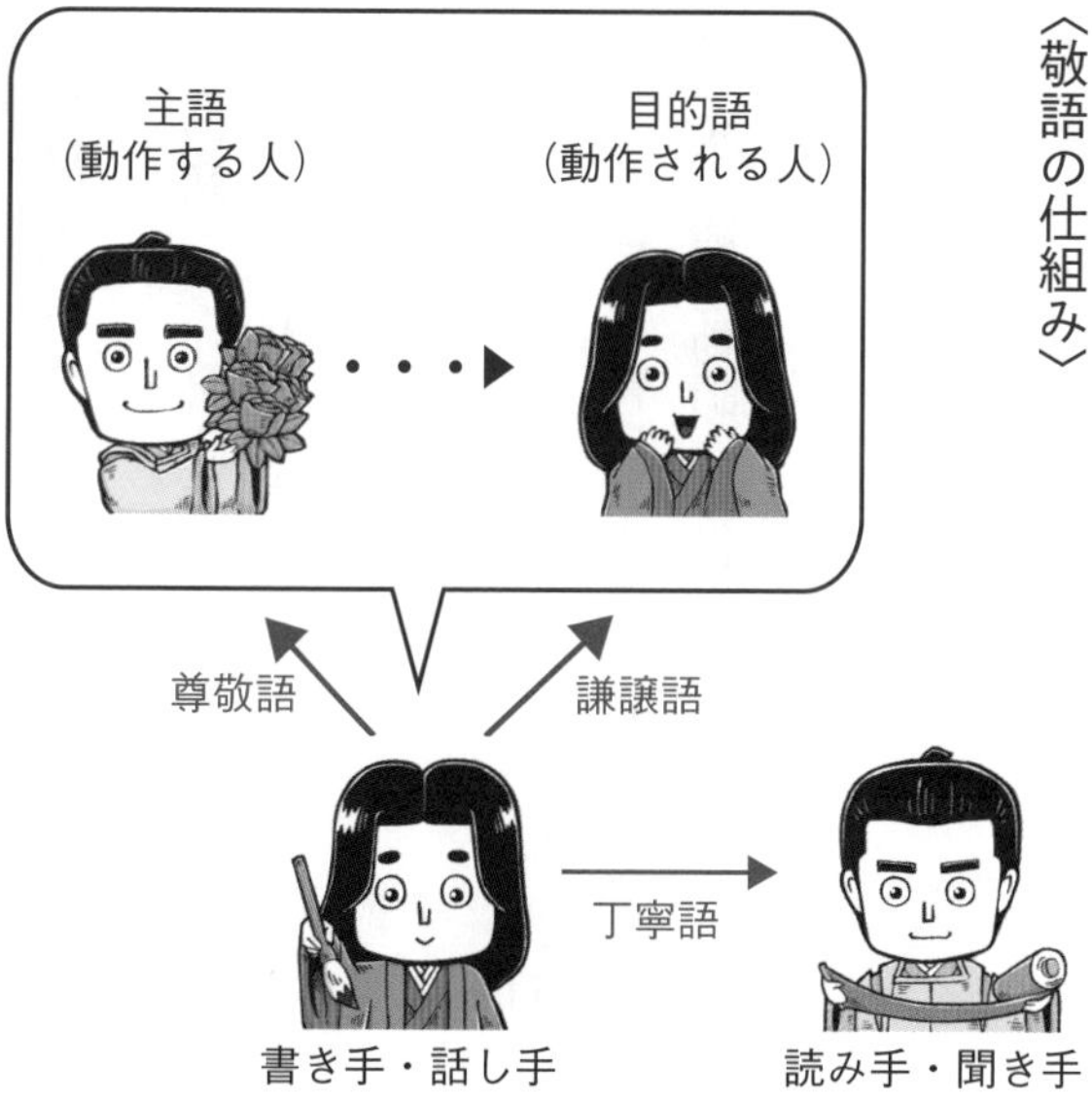


※謙譲語＋尊敬語の形で用いる場合を二方面の敬語といい、入試頻出。

---

になって、」という訳で、「たまふ」は尊敬語ですから、

答 筆者（書き手）から黒豚王（主語）への敬意

ということになります。

ってことは「〜から」ってのは全部「筆者から」でいいの？

会話だと「話し手から」、地の文ではすべて「筆者から」と考えていいです。

その人より偉い人かどうかとか考えなくていいの？

考えなくていいです（笑）。言ったり書いたりする人が敬意を表したいかどうかだけのことで、身分が高いかどうかは（もちろん身分が高いと敬語を使われやすいですが）判断には関係がありません。

いろいろ言う前に、まず形を覚えろ。

わかった！

ここさえわかれば、あとは尊敬・謙譲・丁寧各語それぞれの単語を覚えるだけです。それと、上段の敬語にかかわる用語もチェックしてくださいね。

# 32 敬語 尊敬語

**尊敬語**とは、**書き手や話し手が主語（動作する人）**に敬意を示す表現である。基本の訳は「**～なさる**」「**お～になる**」、**筆者・話者が主語を高める**と覚えよう。

例文

**本動詞**　昔、惟喬《これたか》の親王《みこ》と申すみこ**おはしまし**けり。（伊勢物語）

（昔、惟喬の親王という親王が**いらっしゃっ**た。）

**接頭語・補助動詞**　侍従の大納言の**御**《み》娘亡くなり**給ひ**ぬなり。（更級日記）

（侍従の大納言の姫**君**が亡くなり**なさっ**たそうだ。）

**〈主な尊敬語〉**

**接頭語**

**「御（み・おほみ・おほむ・おん・ご）」**＝お～

**接尾語**

**「殿・君・達・上・卿《きやう》」**＝～様など（人物に敬称として添える）

**本動詞**

**「給ふ〈四段活用〉（たうぶ・たぶ）・たまはす」**＝お与えになる・くださる

**「おはす・おはします・まします・ます・います・いますがり（いま**

さっそく尊敬語を見ていきましょう。

先生！　それで何を覚えればいいんですか？

おっ元気ですね！　尊敬語で覚えるべきは仕組みと重要語ですね。

仕組みは前回やった「書き手・話し手」が「主語」を高める、ってやつね。意味は「～なさる・お～になる」ですよ。

メモメモ…。

こぶたんありがとう。重要語は上段にまとめていますが、なるべく絞ると…特に四つでしょうか。

①「おほとのごもる」（おやすみになる）がテスト頻出

②「給ふ」は本動詞＝「お与えになる」／補助動詞＝「～なさる」

③「～めす」とあったら尊敬語（召す／きこしめす／しろしめす／おぼしめす等）

そがり」＝いらっしゃる・おでましになる
「のたまふ・のたまはす・仰《おほ》す」＝おっしゃる
「思《おぼ》す・おぼしめす」＝お思いになる
「御覧ず」＝ご覧になる
「召す」＝お呼びになる・召し上がる・お召しになる・お乗りになる
「きこしめす・きこす」＝お聞きになる・召し上がる
「しろしめす・しろす」＝知っていらっしゃる・お治めになる
「おほとのごもる」＝おやすみになる・お眠りになる
「あそばす」＝なさる・お詠みになる・お遊びになる
「参る」＝召し上がる
「奉る」＝お召しになる・お乗りになる・召し上がる

**補助動詞**

「給ふ〈四段活用〉（たうぶ・たぶ）」＝〜なさる・お〜になる
「おはす・おはします・まします・ます」＝〜て（で）いらっしゃる

**助動詞**

「る・らる」＝〜なさる・お〜になる
「す・さす・しむ」＝〜なさる・お〜になる

※尊敬の補助動詞を伴って最高敬語となる（⬇p.136）。



---

④「給ふ」（四段活用）は尊敬（下二段活用だと謙譲）

これだけでいいの？

最終的には上段全部覚えてほしいのですが、一周目の学習ではまずここを確実に押さえましょう。

わかりました！

二周目の復習も大事だからな！

わかってるよー。

私もですが、一回で覚えられる人はほとんどいませんからね。まずは三周です。一周目は予習くらいのつもりでいいんですよ。まずは嫌いな気持ちをなくす、「わかりそう」と思うことからです。

まずは嫌いな気持ちをなくす…たしかに！ がんばります。

というわけで次回は謙譲語ですよ。

## 33 敬語 謙譲語

**謙譲語**とは、**書き手・話し手**が**目的語**（**動作される人**）に敬意を示す表現である。基本の訳は「**〜し申し上げる**」、**筆者・話者**が**目的語を高める**と覚えよう。

例文

**本動詞** 八月《はづき》つごもり、太秦《うづまさ》に**まうづ**とて（枕草子）
（八月の末、太秦の広隆寺に**参詣する**と言って）

**補助動詞** かぐや姫を養ひ**たてまつる**こと二十余年になりぬ。（竹取物語）
（かぐや姫を養い**申し上げる**こと二十年余りになった。）

〈主な謙譲語〉

**接頭語**
「**拝**」＝「拝見」のように謙譲語をつくる

**本動詞**
「**奉る・参らす・参る**」＝差し上げる
「**たまはる（賜はる・給はる）・給ふ〈下二段活用〉**」＝いただく
「**申す・聞こゆ・聞こえさす・奏《そう》す・啓《けい》す**」＝申し上げる

---

今回は謙譲語です。がんばりましょう！

おー！

今回も元気だな。

先生！ 今回まず覚える点は!?

今回は少し多いですよ。まずは謙譲語は「書き手・話し手→目的語」という敬意でした。そして一周目の学習で覚えてほしい点は次の通りです。

①「奉る」：差し上げる（本動詞）／〜し申し上げる（補助動詞）
②「参る・まうづ」「まかる・まかづ」：参上する／退出する
③「奏す」：天皇に申し上げる
④補助動詞「給ふ」下二段活用＝謙譲：〜ます・〜ております／四段活用＝尊敬：〜なさる

★「侍り」「候ふ」は次回出てくるよ。

★は今回説明しないんですか？

※「奏す」＝天皇に申し上げる／「啓す」＝皇族に申し上げる

**「参る・まうづ」**＝参上する・参詣する

**「まかる・まかづ」**＝退出する

**「侍り・候《さぶら》ふ（さうらふ）」**＝お仕え申し上げる

**「つか（う）まつる」**＝お仕え申し上げる・し申し上げる

**補助動詞**

**「給ふ〈下二段活用〉」**＝～させていただく・～ております

**「申す・聞こゆ・聞こえさす・参らす・奉る」**＝～し申し上げる



いつもページに入らなくて編集者さんが泣いているのです…って内部情報でした（笑）。次回じっくり説明しますよ♪

編集者さん、うちの先生がすみませんね。次回はわたしが著者になって簡潔に…！

こぶたんやめてー（泣）

先生、説明にもどりましょうよ（笑）

そうですね（笑）。①ですが本動詞と補助動詞で意味が異なりますから、単独で使われているか動詞の下についているかをよくチェックしましょう。動詞の下にあれば補助動詞の可能性が高いですね。

**前回の「給ふ」と似てるね。**

そうです。この判別はよくテストに出ます。それと「まかる」と「奏す」もよく出題されますから注意です。「給ふ」の下二段活用は主に会話文で出てきますから、「給へて」（連用形＋て）・「給ふる」（連体形）などがあったら注意です。

活用って適当に流しちゃうんだよね…気をつけます。

マジで気をつけろよ。

次回は丁寧語です♪　できたらこのまま続けて読んでくださいね。

# 34 敬語 丁寧語

**丁寧語**とは、**書き手・話し手**が**読み手・聞き手**に敬意を示す表現である。基本の訳は「**～です・～ます**」「**ございます**」、**筆者・話者**が読**者・聞き手を高める**と覚えよう。

例文

**本動詞** 波の下にも都の**さぶらふ**ぞ。（平家物語）

（波の下にも都が**ございます**よ。）

**補助動詞** 五月《さつき》五日、賀茂《かも》の競《くら》べ馬を見**侍り**しに、（徒然草）

（五月五日、賀茂の競馬を見**まし**たときに、）

〈主な丁寧語〉

**本動詞**

**「侍り・候ふ（さうらふ）」** ＝ございます・あります

**補助動詞**

**「侍り・候ふ（さうらふ）」** ＝～です・～ます

参考：「侍り」「候ふ」は本来謙譲語であったものから丁寧の用法が生まれたと考えられ、次の三つがある。

---

続きまして丁寧語です！

さすがに疲れてきた…。

弱音を吐くな。

丁寧語は覚えることは少ないのですが（二語しかありませんからね！）紛らわしいことがあるので気をつけましょう。

前回言ってたやつですか？

はい。たとえばこんな有名文もあります。

問 傍線部の「侍る」の説明として正しいものを選べ。

あなたに侍る箱とりて

ア 謙譲の本動詞

イ 丁寧の本動詞

ウ 丁寧の補助動詞

「あなたに…」だから「お仕えする」のア？

クックック…。箱がお仕えするのか？

ほんとだ！ やられた…。

①謙譲の本動詞（お仕え申し上げる）

例文 誰々か**はべる**。（枕草子）

（誰が**お仕え申し上げている**のか。）

あまた**さぶらひ**たまひける中に、（源氏物語）

（大勢**お仕え申し上げ**ていらっしゃった中に、）

②丁寧の本動詞（あります・ございます）

例文 いまだ**はべり**。（大鏡）

（今も**ございます**。）

はかばかしき歌**さうらは**ず。（宇治拾遺物語）

（特によい歌は**ございま**せん。）

③丁寧の補助動詞（～です・～ます）

例文 見**はべり**しに、（大鏡）

（見**まし**たところ、）

円宗寺にまゐりて**さぶらひ**しに、（宇治拾遺物語）

（円宗寺にお参りし**まし**たところ、）

敬語による人物の見分け方

多いですこういう問題（笑）。「侍り」「候ふ」には次の三つの意味があります。

①謙譲の本動詞：お仕え申し上げる
②丁寧の本動詞：あります・ございます
③丁寧の補助動詞：～です・～ます

今の問題では、「侍る」以外動詞になる言葉は見当たりませんから、本動詞ととらえるのがいいでしょう。つまり①か②です。ここでポイントは…。

**「あなた」は「あっち」って意味なんですよ！**

言われてしまいました…まとめましょう。

○こ・これ・ここ・こち・こなた
（ここ・こちら・こっち・私）
○そ・それ・そこ・そち・そなた
（そこ・そちら・そっち・あなた）
○あ・あれ・あなた
（あそこ・あちら・あっち・あの人）

読者のみんなもメモしましょう。

というわけで「あっちにあります箱をとって」という意味になります。答えはイの丁寧の本動詞ですね。

## 最高敬語

**最高敬語**とは**最も高い敬意を示す表現**であり、「**せ給ふ**」や「**させ給ふ**」の形の二重尊敬で表される。**天皇やそれに準ずる身分の人が対象**となる。

例文 夜の御殿に入ら**せ給ひ**てもまどろま**せ給ふ**ことかたし。（源氏物語）

（（帝《みかど》は）ご寝室に**お**入り**になっ**ても、**お**やすみ**になる**ことが難しい。）

▼「せ（させ）給ふ」は「使役＋尊敬」（～させなさる）の可能性もあるので文脈に注意。

▼会話文中の「せ（させ）給ふ」は頻繁に見られるが、一般に最高敬語とは呼ばれず、対象も天皇やそれに準ずる身分以外の人にも用いられる。

POINT **主語の特定に有効**なので読解のポイントとなることがある。

---

今回は敬語の応用、最高敬語と自敬表現を勉強しましょう。

なんか難しそう…。

難しいんですけど、高校の学習範囲なら大丈夫。「せ・させ＋給ふ」って覚えていますか？

助動詞「す・さす」でやったやつ？

その通り。天皇やそれに準ずる人への敬語で最高敬語といいます（忘れた人は48ページを見てくださいね）。今回は敬意の強さを覚えてほしいのです。

敬意の強さ？

上段の表を見てください。たとえば、地の文で「せ給ふ」を使われている人物が同じ文章で「る・らる」を使われることは少ないので、主語が省略されたときの特定に役立ちます。

へー…。

ちょっと例を。

〈敬意の強さ〉

| 敬意の強さ | 敬語の種類 | 敬語の例 |
|---|---|---|
| 強 | 最高敬語 | せ・させ給ふ |
| 中 | 本動詞・補助動詞 | のたまふ・〜給ふなど |
| 弱 | 助動詞 | る・らる |

## 自敬表現

**自敬表現**とは**自分を高める表現**であり、会話文中で尊敬語や謙譲語を用いる。こちらも**天皇やそれに準ずる人が対象**である。

（例文）「紙燭《しそく》さして**参れ**。」（源氏物語）

（「紙燭をさして**参上しなさい**。」）

（帝）「（かぐや姫の）顔かたちよしと**聞こしめし**て、」（竹取物語）

（「（私はかぐや姫の）容貌がすばらしいと**お聞きになっ**て、」）

問　傍線部の主語を答えよ。

帝川にあそばせ給ひし程に、こぶたん少将参らる。（中略）歌詠まるるをめでさせ給ひて…

「させ給ひ」が使われてるのは帝！

おっしゃる通り♪　こぶたん少将には「る」、帝には「せ・させ給ふ」が使われているのでそこで判断します。テスト本番はもう少し複雑なこともありますが、敬語は主語を特定するのに重要な要素です。

ちょっと賢くなった気分♪

もう一つ、自敬表現を押さえておきましょう。天皇やそれに準ずる身分の人が、会話で自分に向けて使う敬語です。説がいろいろあるので、基本的に訳を問う問題でしか出ません。

今で言う「俺様に〜申せ！」的な？

もう少し上品ですが、そんな感じ（笑）。本文に出てくることがあるので一応知っておいてほしいのですが、出題は少ないです。

次は「入試にチャレンジ」ですよ。

# 入試にチャレンジ 7 敬語

学習日　／

**1** 傍線部の意味として最も適当なものを一つ選べ。

大殿籠る

①執務をする　②おやすみになる　③食事をする　④身を清める

（明治大）

**2** 空欄には、「聞く」の尊敬語が入る。空欄に入る語として、最も適当なものを次の中から選べ。

導師の御房［　　］候へ。

ア　聞こえ　イ　聞こしめし　ウ　たまはり

エ　まゐらせ　オ　おほせられ

（昭和女子大）

**3** 傍線部ア～ウの敬語から、敬意を除いた意味の動詞はどれか。

・はらからに<u>ア おはします</u>
・いかに<u>イ おぼしめし</u>けむ、
・姓<u>ウ 給</u>ひて

①思ふ　②なり　③あり　④与ふ　⑤受く

（防衛大）

| ア | イ | ウ |
|---|---|---|
| | | |

**4** 傍線部「いまそがる」を六字の現代語に直し、平仮名で書け。

しかれば、申すに随《したが》ひて<u>いまそがる</u>べきなり。

（学習院大）

| |
|---|
| |

## 5
傍線部の「きこゆ」と文法的用法が同じものを次の中から一つ選べ。

（同志社大・改題）

東面にて、中将に対面して笑ひきこゆ。

①手に持てるものはきこゆるうちでのこづちなるべし。
②若君・姫君とぞきこゆるなる。
③丁子の香いみじう早うきこえたり。
④誰も誰もうつくしがりきこえ給ふ。
⑤ねんごろにきこえさせ給ひける。

## 6
傍線部ア・イ・ウ・エについて、次の中から最も適したものをそれぞれ一つ選べ（同じ記号を何度選んでもよい）。

（愛知学院大）

・この民部卿《きやう》アまゐりイたまへり、
・九条殿「いで、今宵《こよひ》の攤《だ》ウつかうまつらむ」と仰せらるるままに
・帥殿《そちどの》の御ことなども、かれがたがひたる故にエ侍るめり。

注　攤：賭け事の一種。

①尊敬の助動詞

②謙譲の動詞
③丁寧の動詞
④尊敬の補助動詞
⑤謙譲の補助動詞
⑥丁寧の補助動詞

ア

イ

ウ

エ

## 7

傍線部の解釈として最適なものを次から一つ選べ。（中央大・改題）

「…よきに奏したまへ」など言ひ置きてまかでぬ。

A　みんなによろしくお伝えください
B　わたしにいいことだけお伝えください
C　帝《みかど》によろしく申しあげてください
D　上手に和歌をさしあげてください

**8**

傍線部ア・イの説明として最も適切なものを次の中から一つ選べ。 （同志社大）

「…誰々にも縁を広く結びおかんと思ひア給ふれば、…」とのたまはせければ、殿をかしがらせイ給ひて、

①謙譲の意の補助動詞で、ハ行下二段活用の未然形。
②謙譲の意の補助動詞で、ハ行下二段活用の已然形。
③謙譲の意の動詞で、ハ行下二段活用の未然形。
④謙譲の意の動詞で、ハ行下二段活用の已然形。
⑤尊敬の意の補助動詞で、ハ行四段活用の連用形。
⑥尊敬の意の動詞で、ハ行四段活用の連用形。

ア
イ

**9**

傍線部a～dのうち、他の三つと意味・用法の異なるもの一つを選び、記号で答えよ。 （立教大）

おとなびまさりaたまへるを、思ひ隔てず、……思うbたまへられける。……若やかに聞こえcたまへば、……をさなき御心地にはうち解けdたまへり。

**10**

傍線部「もののもつゆまゐらで」とあるが、この「まゐる」に最も近い意味を表す「まゐる」の用例を次の中から一つ選び、記号で答えよ。（白百合女子大）

もののもつゆまゐらで、うつぶし給へるほどに、

ア　まだ大殿油も、まゐらざりけり
イ　こなたにて御くだものまゐりなどし給ひて
ウ　宮にはじめてまゐりたるころ
エ　親王に馬の頭《かみ》、大御酒《おほみき》まゐる
オ　加持などまゐるほど、日高くさしあがりぬ

**11**

傍線部ア・イは誰から誰への敬意か。（東京学芸大）

西行聞きア給ひて、「あら不思議や」と思ひ、「いかにあの童《わらは》、その牛をば何とて、『あこぎ』とて打ちけるぞ」と、問ひ給へば、童申しけるは、「これは知らイせ給はずや。…」

ア
イ

12

傍線部についての説明として最適なものを次から一つ選べ。

※小法師が御房たちを僧正の元へと連れていくシーン

小法師、走り帰りて「…御房たち、参り給へ」と呼ばはりければ、

ア　「参り」は御房たちから僧正への敬意。「給へ」は小法師から御房たちへの敬意。

イ　「参り」は御房たちから僧正への敬意。「給へ」は御房たちから小法師への敬意。

ウ　「参り」は小法師から御房たちへの敬意。「給へ」は小法師から僧正への敬意。

エ　「参り」は小法師から僧正への敬意。「給へ」は小法師から御房たちへの敬意。

オ　「参り」は小法師から御房たちへの敬意。「給へ」は御房たちから僧正への敬意。

（青山学院大）

# 解答解説

**1** ②

頻出語です。「寝る」の尊敬語で「おやすみになる」と訳すのでしたね。忘れたら130ページにもどりましょう！

現代語訳　おやすみになる

**2** イ

「めす」がついたら尊敬語、でしたね。「聞こゆ」は謙譲語ですからアにひっかからないように気をつけましょう。

現代語訳　仏事をとりしきるお坊さま［お聞きください］ませ。

**3** ア：③／イ：①／ウ：④

こちらも頻出です。「おはす・おはします」は「あり」、「おぼす・おぼしめす」は「思ふ」、「給ふ」は「与ふ」の、それぞれ尊敬語となります。

現代語訳　・兄弟でいらっしゃる
・どのようにお思いになったのだろう、
・姓をお与えになって

**4** (例)いらっしゃる

「いますがり（いまそがり）」「おはす」「おはします」などは「いらっしゃる」「おいでになる」と訳しましょう。

現代語訳　それでは、申し上げるのにしたがっていらっしゃるべきだ。

**5** ④

傍線部は「笑ひ＋きこゆ」ですから、用言の後に補助動詞として使われていることがわかります。「笑い申し上げる」という意味になりますね。同じように補助動詞で使われているものを探すと④「うつくしがり＋きこえ＋給ふ」が選べます。「かわいがり申し上げなさる」という意味ですね。

現代語訳　東向きの部屋で、中将に対面して笑い申し上げる。

①手に持っているものは話に聞くうちでのこづ

ちだろう。

②若君・姫君と知られる。

③丁子の香りがとても早く感じられた。

④誰もかれもかわいがり申し上げなさる。

⑤ていねいに申し上げなさった。

**6** ア：②／イ：④／ウ：②／エ：⑥

アは前に用言がないので本動詞、イはアの動詞についているので補助動詞です。完了の「り」が接続していることから已然形になり、四段活用と判断できます。ウは前に用言がありませんから本動詞になります。エは意味も考えると「〜が理由で（侍る）ようだ」ですから、「理由であるようです」と訳すのがよさそうです。「そこにある」という存在を表す「ある」ではないので、丁寧の補助動詞と判断しましょう。

現代語訳　・この民部卿が参上なさり、
・九条殿が「さあ、今夜の賭事をいたしましょう」とおっしゃいながら
・帥殿の（ご不運の）ことなども、それが間違ったためでございますそうです。

**7** C

「奏す」は「天皇に申し上げる」でしたね。再チェック！

現代語訳　「…（帝に）よろしく申し上げてください」などと言い置いて退出した。

**8** ア：②／イ：⑤

アは「ば」の前なので未然形か已然形であると推定できますが、「給ふれ」という未然形はないので、下二段活用の已然形と確定できます。イは四段活用で用言の後ですから尊敬の補助動詞です。

現代語訳　「…誰かれにも縁を広く結んでおこうと思い申し上げるので、…」とおっしゃったので、殿はおもしろがりなさって、

**9** b

やや難しい問題です。aとdは「り」の連体形と終止形がそれぞれ接続しているので間違いなく四段活用です。bは「られ」（「らる」の連用形）に接続しているので下二段活用の未然形です。一つだけ用法が異なるという設問から、bを選択できます。ちなみにcは未然形・已然形接続の「ば」に接続しているため、四段、下二段どちらの可能性もありますが、設問と本文の文脈から、四段活用の已然形と判断

します。

現代語訳　年配らしくいらっしゃるのを、心で隔てることなく、…思い申し上げられた。…若々しく申し上げなさるので、…幼いお心でうちとけなさった。

**10**　イ

二周目の復習以降奨励の応用問題です。「まゐる」は多くが謙譲語「参上する・差し上げる」ですが、例外に尊敬の「召し上がる」の意味があります。これは文脈判断と経験しかありませんので、繰り返し問題を解きましょう。

現代語訳　食べ物もまったく召し上がらず、うつぶしていらっしゃるうちに、

ア　まだ大殿油も、ご用意していなかった

イ　こちらでお菓子を召し上がりなどしなさって

ウ　中宮のもとに初めて参上した頃

エ　親王に馬の頭が、お酒を差し上げる

オ　祈禱《きとう》などをして差し上げるうちに、日が高くのぼった

---

**11**　ア：筆者から西行へ／イ：童から西行へ

今回は尊敬の「給ふ」の敬意の方向です。地の文なら筆者から、会話文なら話者から、それぞれ主語を高めると考えましょう。アは地の文で主語は西行ですから、筆者から西行、イは会話文ですから話者の童から主語の西行、となるわけです。

現代語訳　西行はお聞きになって、「ああ不思議だなあ」と思い、「なぜあの少年は、その牛をどんなわけで、『あこぎ』と言って打ったのだろう」と、おたずねになると、少年が申し上げたのは、「これはご存じありませんか。…」

**12**　エ

二方面の敬語問題です。話者は小法師ですから、どちらも小法師からの敬意です。今、御房たち（主語）が、僧正（目的語）の元へ向かうのですから、「参り」が目的語である僧正を、「給へ」は主語である御房たちを高めるということになります。

現代語訳　若い僧が、走って帰って「…お坊さま方、参上なさいませ」と何度も呼んだので、

# 和歌の修辞法　和歌のルールと句切れ

和歌とは五・七・五・七・七、の計三十一文字からなる古典詩である。主に四季や恋が詠まれ、さまざまなルールや作法がある。

**〈主なルールや用語〉**

**句**…五・七・五・七・七音のそれぞれのまとまりを句といい、初句・二句・三句・四句・五句（結句）という。

**句切れ**…和歌の途中での言い切りの形（終止形・命令形・終助詞・係り結び等）を句切れという。たとえば初句で言い切りの形となっているときは初句切れ、二句目のときは二句切れ、などという。句切れがない場合は無句切れ（句切れなし）ともいう。

・五／七五七七（初句切れ）
・五七／五七七（二句切れ）
・五七五／七七（三句切れ）
・五七五七／七（四句切れ）

**掛詞**《かけことば》…同音異義語を利用して一つの音に二つの意味を持たせる表現

---

今回から和歌に入りますよー！

和歌わかんない！

いきなりボケるか。和歌だけに。

本当にわかんないんだって！

和歌に苦手意識を持つ人は多いですよね。でも大丈夫です。和歌はルールや修辞法を覚えて、実際に解釈する練習をすれば絶対に得意になります。実際、先輩で得意になった人も多いですよ♪

本当ですか！　何からはじめればいいの？

まず上段の用語を覚えましょう。それと今回は「句切れ」を理解すればOKです。

**句切れってどう判断すればいいんですか？**

終止形や命令形、終助詞、係り結びなどがある所ですね。体言止めといって名詞で終わる場合もあります。たとえばこんな感じ。

（詳しい解説➡p.150）。

**縁語**…ある語を中心に、関連の深い言葉として意識的に用いられるもの（詳しい解説➡p.152）。

**枕詞《まくらことば》**…ある語句を導くためにその語句の頭に置く慣習的な言葉（詳しい解説➡p.154）。

**序詞《じょことば》**…ある語句を導くための言葉で、音数が一定でないもの（詳しい解説➡p.156）。

**体言止め**…和歌の結びを体言で止めて余情を表すこと。

**本歌取り**…古い和歌の語句や発想・構造を取り入れて、和歌の内容に奥行きを持たせること。

**贈答歌**…和歌のやり取り。なるべく早く返歌する、贈られた和歌を踏まえた返しをする等の作法があった。

---

我が庵《いほ》は都のたつみしかぞすむ／世を宇治山と人はいふなり

（私の庵《いおり》は京の東南で、このように住んでいる。だが世の中を捨てた者が住む宇治山だと人は言うそうだ。）

「ぞ」が「すむ」で結ばれていますから、ここで切れるわけです。これは三句切れですね。

係り結びだ！

そうですね。こんなのもありますよ。

忘れては夢かとぞ思ふ／思ひきや／雪踏み分けて君を見むとは

（現実を忘れて夢かと思う。思ったこともあっただろうか。雪を踏み分けてあなたを見ようだなんて。）

すごい！　二回切れてる！

そうですそうです。ここでは係り結びと疑問・反語の「や」で、意味が二度切れているのです。こんな感じで少しずつ和歌とも仲良くなりましょう。

# 37 和歌の修辞法　掛詞

**掛詞**《かけことば》とは、**同音異義語を利用して一つの音に二つの意味を持たせる表現**である。

例文

**生**《いく》（野）　　**文**《ふみ》
**行く**　　**踏み**

大江山**いく**のの道の遠ければまだ**ふみ**もみず天橋立《あまのはしだて》（十訓抄）

（大江山を越えて生野を通って行く道が遠いので、まだ天橋立を踏んでみてもいないし、手紙も見ていません。）

〈主な掛詞〉

| 掛詞 | 主な意味の組み合わせ |
|---|---|
| あき | 秋／飽き |
| あふ | 逢ふ／逢坂《あふさか》 |

今回は和歌で一番の頻出技法、掛詞について学んでいきましょう！

掛詞ってつまりダジャレみたいなもん？（笑）

…（汗）。ちょっと違いますかね…似ていますが。

先生は授業中よくダジャレを言うので動揺しているようですよ。

（大爆笑）

掛詞は、一つの音で二つの意味を表す表現で、これによって和歌の世界に奥行きが出ました。だから、掛詞を上手に使う詠み手は魅力的とされ、大変モテたようです。うらやましい…。

たしかに現代とは受け取り方が違うよね（笑）

私でよければいつでも和歌の贈答相手になりますよ。

（聞こえないふり）それで、よく出題されるものを上段にまとめてみましたので

| | |
|---|---|
| う | 浮く／憂し／宇治 |
| かる | 枯る／離《か》る |
| すむ | 住む／澄む |
| ながめ | 長雨《ながめ》／眺め |
| ひ | 火／思ひ |
| ふみ | 文／踏み |
| ふる | 降る／古《ふ》る／振る／経《ふ》る |
| まつ | 松／待つ |
| み | 身／実 |
| みる | 見る／海松《みる》 |
| みをつくし | 身を尽くし／澪標《みをつくし》 |
| よ | 夜／世 |

---

覚えておきましょう。また、掛詞を探させる問題も出ますから、歌のなかのひらがな表記のものは注意です。地名と掛けたりもします。一つ例を…。

今日別れ明日はあふみ（近江／逢ふ身）と思へども夜や更けぬらむ袖の露けき

（今日別れても明日は逢える身である都から近い近江だと思うけれども、夜が更けたのだろうか、袖が（涙で）湿っているのです。）

地名だ！「近江」と「逢ふ身」か！

こんな感じで出てきますので、練習しながら見つけられるようになりましょう！

よくテストに出るようですからね。序《じょ》詞《ことば》とかでも使うし。

じょことば??

まもなく出てきますからお楽しみに。

次回は縁語ですよ。

# 38 和歌の修辞法　縁語

**縁語**とは、**ある語を中心に、関連の深い言葉として意識的に用いられる言葉**である。

▼掛詞《かけことば》が縁語に関連することが多い。

▼解釈には表しにくいので無理に訳さなくてもよい。

例文

仮り寝　一夜　身を尽くし　わたる
刈り根　一節　澪標　渡る
（掛詞）

縁語：難波江、葦

難波江《なにはえ》の葦《あし》のかりねのひとよゆゑみをつくしてや恋ひわたるべき（千載和歌集）

（難波江の葦の刈り根の一節のような、あなたとの短い間の仮り寝のせいで、私は身を尽くしてあなたへの恋をし続けるのでしょうか。）

---

掛詞の後は縁語をいきましょう！　関連の深い言葉を連想していきます。

掛詞と違うの??

違うから名前も違うんでしょうが。

そりゃそうか（笑）

掛詞は音が同じですが、縁語は違う音でいいのです。たとえば「雲」→「空」とか、「川」→「流る」「沈む」「深し」「瀬」とか。

おおお！「こぶたん」→「ぶた」とか！

そんなの古文にあるか！

古文にはないけど、発想はいい感じです（笑）。一首《しゅ》の歌を見てみましょう。歌は一首二首と数えますよ。

から衣きつつなれにしつましあればはるばるきぬる旅をしぞ思ふ

この歌はかの在原業平《ありわらのなりひら》の歌なのですが、掛詞と縁語を総動員したみたいな歌に

〈よく使われる縁語〉

| 中心になる語 | 関連の深い言葉 |
|---|---|
| 糸 | よる／はる／乱る／ほころぶ／ほそし／柳 |
| 袖 | むすぶ／とく／涙 |
| 海 | 沖／漕《こ》ぐ／海人《あま》／寄る／波／潮／満つ／干《ひ》る |
| 露 | 置く／結ぶ／玉／葉／消ゆ |
| 弓 | 張る／引く／射る |
| 火 | 消ゆ／燃ゆ／焦がる |

なっています（笑）

すげー！

さすが名手です。平安一モテたと言われている業平ですからね。

そんなにモテたの？

付き合った女性の人数は千人とも言われています。もちろん少しおおげさではあるとは思いますが、非常に魅力的な人だったようです。

わたし、業平となら結婚してもいいかもですよ。

すごい…（こぶたんは放っておこう）。今の歌い手みたいな感じだね。

そうですそうです。千年前から人の心はあまり変わらないのですよ。古文の表現に慣れれば古文の内容はきっとおもしろいはずです。

まだちょっとしかわからないけど…。

この一冊で文法を仕上げて、読解問題をこなしていけば大丈夫！　がんばりましょう。

わたし無視されてるけど次は枕詞《まくらことば》ですよ。

# 39 和歌の修辞法　枕詞

**枕詞《まくらことば》**とは、**ある語句を導くためにその語句の頭に置く慣習的な言葉**である。通常は五音節で、一般的に解釈の必要はない。

例文

**あをによし** 奈良の都は咲く花の匂ふがごとく今盛りなり（万葉集）

（奈良の都は咲いている花が目に美しく真っ盛りである。）

※「あをによし」が「奈良」を導いている。

〈主な枕詞〉

| 枕詞 | 導く言葉 |
|---|---|
| あかねさす | 日／昼／紫／君 |
| あしひきの | 山／峰《を》／岩 |
| あづさゆみ | 張る／引く／射る |
| あらたまの | 年／月／日／春 |
| あをによし | 奈良 |

今回のテーマは枕詞です。

上段の表…もしかして覚えるの？（恐怖）

大丈夫ですよ。何度かは見てなんとなくのイメージはつかんでほしいですが、必ずしも暗記の必要はありません。私たちが知らない枕詞が出てくることもあります。むしろ大切なのは、「枕詞の可能性が高いな」「これは枕詞ではない！」と判断できることです。

そうなんだ！　覚えなくていいの助かる…。

でも、何度か見てはおいてくださいね。「見たことある！」という感覚はすごく大切です。

わたしはなんとなく見てたら結構覚えたよ。

こぶたん偉いね！

そうでしょ。

こぶたんには負けたくない！

| | |
|---|---|
| **からころも** | 着る／裁《た》つ |
| **くさまくら** | 旅／結ぶ／露 |
| **くれたけの** | 節《よ》／夜／世／節《ふし》／伏し |
| **しきしまの** | 大和《やまと》 |
| **しろたへの** | 衣／袖／雪／雲 |
| **たらちねの** | 母／親 |
| **ちはやぶる** | 神／宇治 |
| **とりがなく** | 東《あづま》 |
| **ぬばたまの** | 黒／髪／夜／月／夢 |
| **ひさかたの** | 光／空／天《あめ》／日／月 |
| **わかくさの** | 妻 |

君の寿命＋十年早い。

そこで判別のポイントですが、
・五音節である
・一般的に訳さない（訳せない）
という所でしょうか。例を挙げてみましょう。

ひさかたのひかりのどけき春の日にしづ心なく花の散るらむ
（光がのどかな春の日にどうして静かな心もなく桜の花が散っているのだろう。）

「ひさかたの」が訳しにくいから枕詞？

その通り。もちろん見たことがあるなら迷わず判断できるので、何度か表を見ておいてくださいね。マニアックな例はあまり問題としては出ないので、主なものだけ見ておけばいいと思います。

繰り返し見るようにします！

次は序詞《じょことば》ですよ。

# 40 和歌の修辞法　序詞

**序詞**《じょことば》とは、**ある語句を導く働きをする言葉で、音数が一定でないもの**である。枕詞《まくらことば》が五音であり慣用されるのに対し、序詞は音数の規定がなく即興的（その都度変わる）である。序詞の特徴は次の通り。

▼枕詞は訳さないが、序詞はできるだけ訳す。
▼序詞は歌の本筋とは関係がないが、背景や奥行き等を表すのに役立っている。
▼一般的に序詞には風景等が詠まれ、心情は詠み込まれない。
▼序詞の後に掛詞《かけことば》や縁語が用いられたり、同じ言葉が続けて用いられたりすることで、後の心情表現との橋渡しをする。

例文

序詞　「宇津」から「現《うつつ》」を連想　心情

**駿河《するが》なる宇津の山辺の** うつつにも 夢にも人に逢はぬなりけり
（新古今和歌集）

（駿河にある宇津の山中で、宇津ではないがうつつの現実でも夢でもあなたに会わないことであったよ。）

---

今回はみんなが嫌いな序詞です（笑）

みんなが嫌いって認めた！（笑）

序詞ってつかみどころがないと思われがちですからね。でも大丈夫！

豚でもわかる！　天才豚だからだけど！

先生、何から覚えればいいですか？

まずは例から考えましょう。

風吹けば沖つ白波 たつた山 夜《よ》半《は》にや君が一人越ゆらむ

（風が吹くと沖の白波がたつけれど、竜田山を夜中にあなたは一人で越えているのだろうか。）

このように序詞はある言葉を引き出すために風景等を詠み込むことをいいます。その後に心情（言いたいこと）を表すという形です。つまり、

（ここが序詞）
風景　→　ある言葉　→　心情

和歌問題の解き方

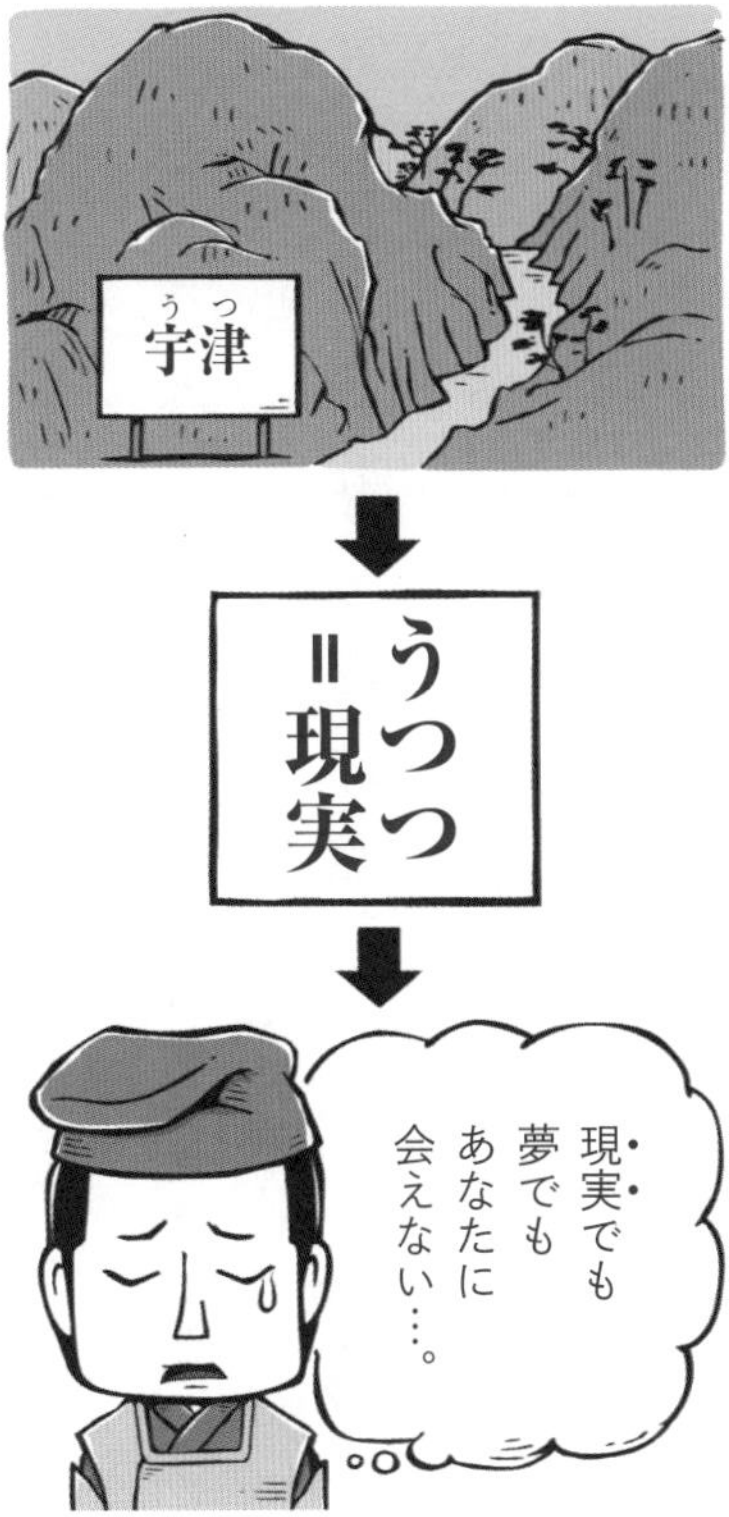
宇津《うつ》
うつつ＝現実
現実でも
夢でも
あなたに
会えない…。

となるわけです。先ほどの例だと、序詞で白波が「たつ」というところから「竜田山」という言葉を引き出して、「竜田山を夜中にあなたは一人で越えているのだろうか」と心情を詠むわけです。

あ！　現在推量の「らむ」。

君にしてはよく覚えていたな。

序詞の後に心情がくるということは、序詞に心情を入れたらだめなんですか？

その通りです。もし冒頭から心情が入っていたら、序詞ではない可能性大です。では次の歌から序詞を探してください。

ほととぎす鳴くや五月《さつき》のあやめ草あやめも知らぬ恋をするかな
（時鳥《ほととぎす》が鳴くことよ。五月のあやめ草のように、私は道理も知らない恋をするのだなあ。）

「あやめも知らぬ…」を言いたいから…「ほととぎす〜あやめ草」までが序詞！

正解！

# 入試にチャレンジ 8 和歌の修辞法

学習日 ／

**1** 次の和歌に用いられている修辞法は何か。①〜⑥から一つ選び、その番号を記せ。（立命館大）

雲に吹く風も及ばぬ波路より問ひ来む人はそらに知りにき

①序詞　②季語　③対句　④倒置　⑤縁語　⑥枕詞

**2** 次の和歌に用いられている修辞技法を一つ選び、その番号を記せ。（神奈川大）

貴船川岩間《いは》を分くる白浪《なみ》の寄るかたもなき身をいかがせむ

①倒置法　②枕詞　③序詞　④体言止め

**3** 次の和歌に用いられている修辞技法を何というか。最も適当なものをイ〜ホから一つ選べ。（関西学院大）

水の面に降る白雪のかたもなく消えやしなまし人のつらさに

イ　折句　ロ　掛詞　ハ　序詞　ニ　対句　ホ　枕詞

4 「知らざりし…」の和歌についての説明として、最も適当なものを選択肢から一つ選べ。（関西大）

雨いみじく降りて、心細き旅寝も、いまさらに注1面影添へるは、げに注2あぢきなき身の思ひなり。

知らざりし思ひを旅の身に添へていとど露けき夜の雨かな

注1：恋人の面影
注2：思うようにならなくて悩みが多い自分の身

a この和歌は、旅のつらさに恋の物思いが付け加わって、草葉の露と夜の雨とでいっそうしめっぽくなることだよ、というもので、「露」には自然現象の「露」と「まったく」の意が掛けられている。

b この和歌は、旅のつらさに恋の物思いが付け加わって、草葉の露と夜の雨とでいっそうしめっぽくなることだよ、というもので、「露」には自然現象の「露」と「少しも」の意が掛けられている。

c この和歌は、旅のつらさに帝《みかど》の仕打ちが付け加わって、涙と夜の雨とでいっそうしめっぽくなることだよ、というもので、「知らざりし」は「これまで経験したこともなかった」の意である。

d この和歌は、旅のつらさに帝の仕打ちが付け加わって、涙と夜の雨とでいっそうしめっぽくなることだよ、というもので、「知らざりし」は「帝がこんなに冷たい人だとは知らなかった」の意である。

e この和歌は、旅のつらさに恋の物思いが付け加わって、涙と夜の雨とでいっそうしめっぽくなることだよ、というもので、「露けき」は、「雨でしめっぽくなる」と「涙でしめっぽくなる」の意が掛けられている。

**5** 傍線部「かた」には二つの意味が掛け合わされているが、何と何か。①～⑤から最適なものを選べ。（中京大）

※以下の文章は、讃岐《さぬき》に配流され、その地で崩御した崇徳《すとく》上皇の御陵（お墓）に、西行が参った場面である。

終夜《よもすがら》供養したてまつらばやと、御墓《みはか》の前のたひらなる石の上に座をしめて、経文徐《しづか》に誦《ず》しつつも、かつ歌よみたてまつる。

松山の浪《なみ》のけしきはかはらじをかたなく君はなりまさりけり

なほ、心怠らず供養す。

①片（片方）と肩

②方（方角）と形（占いの結果「うらかた」）

③方（方法）と形（形見）

④潟《かた》と形（姿）

⑤難（難《かた》し）と方（高貴な人）

# 解答解説

**1** ⑤

「雲」「風」「そら」などから縁語が使われていると判断できます。

現代語訳　雲に吹く風も届かない波路（の果て）から訪ねて来るだろう人のことは、根拠はないけれど知っていた。

2 ③

貴船川岩間を分くる白浪の寄るかたもなき身をいかがせむ

傍線部が序詞となり、「寄るかたもなき」を導いています。その後「寄る辺もないこの身をどうしようか」と心情につながっています。

現代語訳　貴船川の岩の間を分ける白波に身を寄せる潟がないように、寄る辺もないわが身をどうしようか。

3 ハ

水の面に降る白雪のかたもなく消えやしなまし人のつらさに

傍線部が序詞となり、「消えやしなまし」を導いていると考えられます。後半部の心情は「私も消えてしまおうか。あの人の態度が冷たいから」と訳せます。「ためらいの意志」の「まし」ですね。

現代語訳　水面に降る白雪が跡形もなくなるように（私も）消えてしまおうか。あの人が冷淡なので。

4 e

「露けし」は「雨や露に濡れてしめっぽい」という意味と「涙がちだ＝涙がよく出る」の意味があります。恋人を思っているのですから、雨だけでなく涙についても詠んだものと推定できますね。

現代語訳　雨がひどく降って、心細い旅の眠りも、今さらに恋人の面影が思い出されるのは、ほんとうに思うようにならなくて悩みが多い自分の思いである。

知らなかった悩みの思いを旅の身につけて、とてもしめっぽい夜の雨だなあ。

5 ④

讃岐で亡くなった上皇に詠んでいるのですから、讃岐の海辺（潟）と上皇の姿・面影（形）の掛詞だと推測できます。

現代語訳　一晩中供養し申し上げようと、お墓の前の平らな石の上に座って、経を静かに唱えながらも、また歌も詠み申し上げる。

松山の海の景色は変わらないのに、上皇は姿がなくなってしまった。

いっそう、心をこめて供養する。

# 41 呼応の副詞

副詞のうち、**述語の特定の言葉と呼応してある意味を示すもの**を**呼応の副詞**という。テストによく出るので覚えたい。

※[　]で示したのは、呼応する主な表現。そのほかにも呼応する助詞、助動詞などがある。

〈主な呼応の副詞〉

▼**打消と呼応**

**「あへて・おほかた・かけて・さらに・すべて・たえて・つやつや・ゆめゆめ・つゆ・よに」**＋[**ず・じ**]

（意味＝全く〜ない・決して〜ない）

例 **さらに**見**ず**（**全く**見**ない**）

**「をさをさ」**＋[**ず・じ**]（意味＝ほとんど〜ない）

**「いと」**＋[**ず・じ**]（意味＝たいして〜ない）

**「よも」**＋[**ず・じ**]（意味＝まさか〜まい）

例 **よも**言は**じ**（**まさか**言う**まい**）

**「いたく」**＋[**ず・じ**]（意味＝たいして〜ない）

---

ここからはテストによく出るポイントに絞った単元になります。最初は呼応の副詞です。

呼応ってなに？

二つの言葉をセットで使う表現です。現代語にもありますよ。「たぶん〜だろう」とか「もし〜なら」とか。

たしかに！

「トン〜カツ」とか。

ないない！（笑）

相変わらず仲良しですね。呼応の副詞は後にセットである言葉を伴って、特定の意味になるんですね。テストではその意味が問われたり、片方の言葉からもう一方の言葉が問われたりします。たとえばこんな感じ。

問　空欄に平仮名一文字を入れよ。

「人[　]踏ませ給ひそ」と申す。

**「え」**＋**ず・じ**（意味＝～できない）

**▼禁止と呼応**

**「ゆめゆめ・ゆめ・かまへて」**＋**な・べからず**（意味＝決して～するな）

**「な」**＋**そ**（意味＝～するな）

例 なのたまひ**そ**（おっしゃら**ないで**ください）

**▼願望と呼応**

**「いかで」**＋**ばや・もがな**（意味＝どうにかして～たい）

例 いかで見**ばや**（**どうにかして**見**たい**）

**「いつしか」**＋**ばや・もがな**（意味＝はやく～たい）

呼応の副詞問題の解き方

上段を見るとわかりますね。答えは…。

「な」！　ですね。

こぶたんに言われたあああ。

油断することなかれ。

こぶたん、漢文調でのツッコミまでありがとう（笑）。上段にまとめたものはすべてテストに出るものばかりなので、ここは何度も復習して覚えておきましょう。

いかで見ばや。なおこたりそ。かまへて忘れたまふな。

何度もチェックします！　こぶたんに負けたくない！

次からは重要な判別のまとめですよ。

# 判別「なり」

①終止形（ラ変は連体形）＋なり…伝聞・推定の助動詞「なり」（～そうだ・～ようだ）

例 まつ虫の声す**なり**（松虫（鈴虫）の声がする**ようだ**）

②体言・連体形＋なり…断定の助動詞「なり」（～である）

例 月の都の人**なり**。（月の都の人**だ**。）

③状態・性質＋なり…ナリ活用形容動詞の活用語尾「なり」

例 あはれ**なり**。（しみじみと**趣がある**。）

④体言・連体形（＋助詞）＋なり…動詞「なる」の連用形「なり」

例 鐘の音**なり**て（鐘の音が**鳴っ**て）

子の大きに**なり**ぬれば（子供が大きく**なっ**たので）

※①②の判別がつきにくいことがある。その際は文脈等で判断するが、すぐに判断できるものを挙げておこう。

---

ここから頻出の判別です。まず「なり」。

遠い記憶の彼方で定期試験で見た気がするような…しないような…。

しないのかよ。

先生、覚える所多そうですね。

そうですね。結局は前の語との関係を見るということなのですが、特に「断定の助動詞」「形容動詞の活用語尾」「伝聞・推定の助動詞」の判別は注意です。動詞はよく見れば気づきやすいので。例題をやってみましょうか。

問 次の「なり」について説明しなさい。

1 太政《だじやう》大臣になりたまふ

2 容体ほそやかにあてなりけれ

3 侍従の大納言の御女《むすめ》、なくなりたまひぬなり

4 またなくあはれなるものは、かかる所の秋なりけり

（同志社大・改題）

a 前の語が音便化しているときは伝聞・推定の助動詞。

例 海月《くらげ》のな**なり**。（海月のものである**ようだ**。）

b 「べし」につくとき

・「べきなり」の「なり」…断定の助動詞（「べきことなり」の「こと」が省略されている）。

・「べかるなり／べかんなり」の「なり」…伝聞・推定の助動詞（「べし」は後に助動詞がつくので補助活用になっている）。

---

というわけで、上段を見ながら説明してください（笑）

えええ！ 冗談じゃない！

ボケてないで早くシロ。

無理ー！ 先生助けて！

では1ですが、「大臣におなりになる」のですから…。

動詞だ！

いいですね。2の「あてなり」は「貴なり」と書きます。

性質だ！ 形容動詞！

すばらしい！ 3は「たまひぬなり」を品詞分解すると…。

「たまひ／ぬ／なり」。「ぬ」は完了の助動詞「ぬ」の終止形、だから、「なり」は伝聞・推定!!

エクセレント！ すごいすごい！ 4は「秋」の後なので…。

体言の後は断定の助動詞「なり」！ 俺すごくない!?

すばらしい!!

誘導してもらってんじゃん…。

こぶたんには負けない！ 次に続くよ！

## 43 判別「なむ」「ぬ・ね」

### 「なむ」の判別

①未然形＋なむ…終助詞「なむ」（〜てほしい）

例 梅咲か**なむ**。（梅が咲い**てほしい**。）

②連用形＋なむ…完了・強意の助動詞「ぬ」の未然形「な」＋推量・意志の助動詞「む」（きっと〜だろう・きっと〜よう）

例 髪もいみじく長くなり**なむ**。（髪も**きっと**大変長くなる**だろう**。）

③なむ＋連体形の文末…係助詞「なむ」

例 母**なむ**宮なりける。（母**は**皇族であった。）

④動詞の語幹＋なむ…ナ変動詞の未然形活用語尾「な」＋推量・意志の助動詞「む」（〜だろう・〜よう）

例 春死**なむ**（春に死**のう**）

---

今回は出題頻度ナンバーワン！「なむ」と「ぬ」「ね」です！

よくテストに出ますよね。

定期試験といえばこれ！ という感じです。しかも定試だけでなく大学入試でもよく出るんですよねこれ…。というわけで「なむ」から例題をいきましょう。

問 傍線部について文法的に説明せよ。

1 死なばまたおなじ塚の塵《ちり》にもなりなむと誓ひし事は

2 惟光《これみつ》とく参らなむとおぼす

3 もののあはれも知らずなりゆくなむあさましき

（早稲田大・改題）

元ネタはなんと早稲田大法学部です！前回のようにやってみましょう！

1は「なり」が連用形だから「な」「む」に分かれて…「と誓ひ」とあって一人称

# 「ぬ・ね」の判別

▼「ぬ」

①未然形＋ぬ＋体言…打消の助動詞「ず」の連体形「ぬ」（～ない）

例　春の行方も知ら**ぬ**間に（春の進みようも知ら**ない**うちに）

②連用形＋ぬ…完了・強意の助動詞「ぬ」（～た・きっと～）

例　竹を取ること久しくなり**ぬ**（竹を取るのが長い期間になっ**た**）

③動詞の語幹＋ぬ…ナ行動詞の活用語尾「ぬ」

例　死**ぬ**／去《い》**ぬ**／寝《い》**ぬ**／跳《は》**ぬ**　など。

▼「ね」

①未然形＋ね…打消の助動詞「ず」の已然形「ね」（～ない）

例　人の心すなほなら**ね**ば（人の心は素直では**ない**ので）

②連用形＋ね…完了・強意の助動詞「ぬ」の命令形「ね」（～てしまえ）

例　絶えなば絶え**ね**（絶えるのなら絶え**てしまえ**）

③動詞の語幹＋「ね」…ナ行動詞の活用語尾「ね」

例　去**ね**／寝**ね**／跳**ね**　など。



---

の文だから、「な」が強意、「む」が意志！

お見事！　意志によく気づきました！

えへ。２は「参ら」が未然形だから「なむ」は終助詞。３は「あさましき」が連体形になって係り結びだから係助詞！

すばらしい。よく出るので繰り返してくださいね。

別人のようだ…。

ではもう一問いきましょう。

問　空欄に動詞「のたまふ」を活用させて入れよ。

などか物［　　］ぬ。　（熊本大）

えー！　穴埋め…「のたまひ」かな？

**ククク…「か」がありますよ。**

!!…やっちゃった…係り結びだから「ぬ」は「ず」の連体形で「のたまは」だね…。

気づきましたね。油断大敵です（笑）。

次は正解しましょう！

お灸《きゅう》をすえたところで次回も判別が続きますよ。

# 44 判別「る・れ」「らむ」

## 「る・れ」の判別

①a段＋る・れ…受身・尊敬・自発・可能の助動詞「る」の終止形・未然形か連用形

例 故郷の花といふ題にてよま**れ**たりける歌一首（故郷の花という題で**お**詠み**になっ**た和歌一首）

※「る」については➡p.46

②e段＋る・れ…完了・存続の助動詞「り」の連体形・已然形か命令形

例 女のは**け**る足駄《あしだ》にて（女の履い**た**足駄で）

※「り」については➡p.88

## 「らむ」の判別

①u段＋らむ…現在推量の助動詞「らむ」（～ているだろう）

---

引き続き重要な判別です。「る・れ」と「らむ」です。

あー「る・れ」復習したけど忘れた！

油断大敵って言われたばっかダロ…。

大丈夫、何度でも復習すればいいんですよ…（棒読み）

先生こわいよおおおお。

ではさっそく♪「る・れ」から。

問 それぞれの「る」について説明せよ。

ア 女ぞ出《い》でて取りける。

イ また滝口にさへ笑はる。

ウ などかう遅れさせたまへる。

エ 冬はいかなる所にも住まる。

（國學院大・改題）

アは…「ける」の一部じゃん！ イは「笑は」についているから受身！

忘れた人は46ページを見るのですよ。

ウは…e段の後だから完了！ エは…何

例 いかに心もとなくおぼす**らむ**。（さぞ気がかりにお思い**でいるだろう**。）

②e段＋らむ…完了・存続の助動詞「り」の未然形「ら」＋推量（婉曲）の助動詞「む」（〜ているような）

例 生け**らむ**ほどは（生き**ているような**間は）

③動詞の語幹＋らむ…ラ行動詞の未然形活用語尾「ら」＋推量・意志の助動詞「む」（〜だろう・〜よう）

例 今はまか**らむ**（今は退出いたしま**しょう**）

④形容詞の語幹＋か＋らむ…形容詞の未然形活用語尾の一部「ら」＋推量の助動詞「む」

例 よしなか**らむ**人（つまらないような人）

⑤ざ＋らむ…打消の助動詞「ず」の未然形「ざら」＋推量の助動詞「む」

例 あらざ**らむ**この世（存在しつづけないだろうこの世）



これ??

エはいじわるでしたね。打消がないけれど可能の意味です。平安時代より時代が経つとこういう例もあります。文脈判断です。苦手な人はなんとなくでいいですよ。

打消がなくても可能か！ メモメモ。

もう一問いきましょう。

問 それぞれの「らん」を説明せよ。

ア 人の言ふらんことを

イ いかにをかしからん

ウ 心知れらん者を召して

（和洋女子大・改題）

アはu段についているから現在推量、イは形容詞「をかし」の未然形「をかしから」＋「む（ん）」。あとはウ…。

めずらしくいい感じ。

ウは…e段についているから完了＋婉曲！

…あってま…す。

**すばらしい。ついに次回で最終回です。この調子でね！**

がんばります!!

# 45 判別「に」

「に」は、複数の種類（意味）の助詞「に」があるだけでなく、ほかの品詞の語の一部の「に」、活用形の「に」などがあり、判別の難しい語の一つである。まずは「に」を「なり」に置き換えてみるところから、「に」の判別をはじめよう。

**〈「に」を「なり」に置き換えても不自然でない場合〉**

①状態・性質＋に…形容動詞の活用語尾「に」

例 きよげ**に**／きよら**に**／たからか**に**／あはれ**に**　など。

②体言・連体形＋に…断定の助動詞「なり」の連用形「に」（～である）

「にあり」の形になることが多い。

例 もとの水**に**あらず。（もとの水**で**はない。）

**〈「に」を「なり」に置き換えられない場合〉**

③体言・連体形＋に…助詞「に」（格助詞・接続助詞）

例 比叡《ひえ》の山**に**児《ちご》ありけり。（比叡山《ひえいざん》**に**少年がいた。）

---

ついに最終回！「に」の判別です。

さっそくいこいこ！

最後だけやる気あるな…。

「に」はたくさん候補があって大変ですが、きっと大丈夫！ それでは…。

問 それぞれの「に」を説明せよ。

ア 冠《かぶり》脱げにけり。

イ さかさまにて落ちぬ。

ウ 一つの車の方ざまに、

エ 心あるものにあらず。

（早稲田大・改題）

いくぞ！ アは…「にけり」だから完了！ イは…「さかさまなり」として不自然じゃないし状態を指すから形容動詞？

すばらしい。今のところ正解ですよ。

ウは…読点の前だし、「に」ってそのまま訳して平気だから助詞かな。

すばらしい。復習したのが実りましたね。

④連用形＋に…完了の助動詞「ぬ」の連用形「に」（〜た）
「にけり」「にき」「にたり」「にけむ」などの形をとる。

例 つひに本意《ほい》のごとくあひ**に**けり。（とうとう願い通りに結婚し**た**。）

⑤分解できないもの…副詞の一部

例 すで**に**／かたみ**に**／さら**に** など。

⑥「死」・「去」＋に…ナ変動詞の連用形活用語尾「に」

判別問題の解き方

ラスト！ エは「にあり」の形で断定!!

パーフェクトです！

君にしてはよくやった（ツンデレ）

やったー！ こぶたんに認めさせた！

復習は何回くらいしましたか？

実は単元終わるごとに一回復習して、「入試にチャレンジ」でもう一回、こぶたんに負けたくなくて判別の単元がはじまる前にもう一回やりました。

三回も復習したのですね。すばらしい。

でもすぐ忘れるから、その都度やれよ。

どうしても忘れることはありますから、定期的な復習が大事です。二回目以降はあまり時間がかからないはずですから。

**新たな発見もあったりするし！**

そうなんです。本は三回読んでから本領を発揮します。本書もぜひ何度も読んでみてください。そして、みなさんの試験会場に連れて行ってください。きっと力になれるはずです。

それまで一緒にがんばろうね！

次は、大学生のステージですよ。

# 補 陰暦と十二支

古文文法ではないが、古文を読むにあたって重要な知識なので覚えておこう。

## 陰暦と季節

▼陰暦とは、昔の日本で使われていた月の満ち欠けを基準とする暦。月の周期で一か月の日数を決め、一日を「ついたち」（月立）、末日を「つごもり」（月籠）という。三年に一回ほど、閏月《うるうづき》をもうけて一年を十三か月として、季節とのずれを調整した。

▼各月に名称がある。また、現在の暦とは季節のずれがあるので注意。

**春**：**睦月**《むつき》（一月・正月）・**如月**《きさらぎ》（二月）・**弥生**《やよひ》（三月）

**夏**：**卯月**《うづき》（四月）・**皐月**《さつき》（五月）・**水無月**《みなづき》（六月）

**秋**：**文月**《ふづき》（七月）・**葉月**《はづき》（八月）・**長月**《ながつき》（九月）

**冬**：**神無月**《かんなづき》（十月）・**霜月**《しもつき》（十一月）・**師走**《しはす》（十二月）

---

今回は補足として、季節や時刻・方角のお話をしましょう。

せんせー、これもよく出るんですかー？

はい。季節や方角、各月の名前はよく出題されます。それと「つごもり」もよく出ます。なんで「つごもり」かわかる？

「つ」って人がこもる??

んなわけないダロ。

「月がこもる」からつごもりです。一日から暗い月がだんだん明るくなるので「月立ち」＝「ついたち」、満月は十五日（十五夜）で、そこから月が欠けていってすっかり見えなくなると「月籠り」＝「つごもり」となったようですね。

へー。おもしろいかも。

そして季節は一月から三か月ずつ春、夏、秋、冬です。お正月は春なのです。

新春っていうでしょ。

たしかに！

各月の名前も覚えておきましょうね。

## 十二支と時刻、方角

**十二支：子《ね》・丑《うし》・寅《とら》・卯《う》・辰《たつ》・巳《み》・午《うま》・未《ひつじ》・申《さる》・酉《とり》・戌《いぬ》・亥《い》**

▼十二支は、時刻や方角を表すのに用いられる。時刻は子を0時として二時間ずつ、方角は子を北として三十度ずつ進むと考えればよい。

〔時刻〕

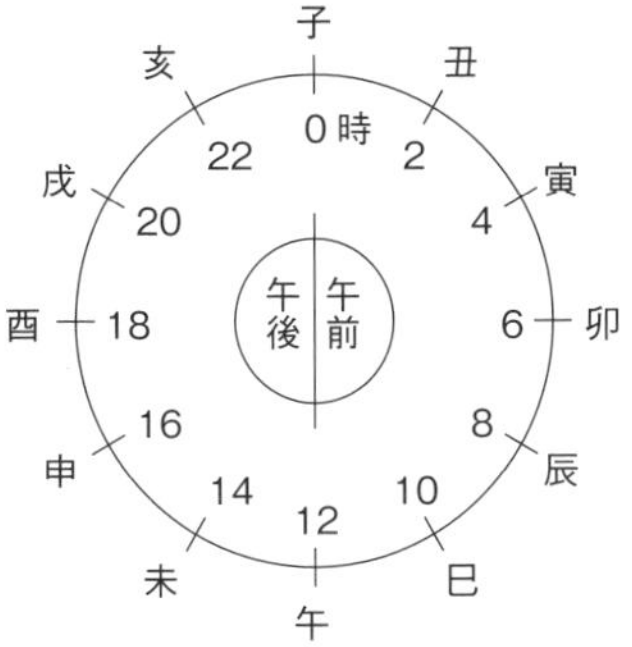


〔方角〕

古文常識の話・読解に向けて

---

問　傍線部の季節はいつか。最も適当なものを選びなさい。

時はみな月のつごもり、いとあつきころほひに、

1　夏のまっさかり　　2　夏のおわり
3　秋のはじまり　　4　秋たけなわ
5　夏と秋の間

（立正大）

六月の末だから…2！

大正解♪

時刻と方角は？

二時間刻みで十二支で二十四時間と覚えましょう。方角も十二方向なんです。

問　「丑」とは何時ごろのことか。最も適当なものを選びなさい。

1　午後六時　　2　午後八時
3　午後十時　　4　午前零時
5　午前二時　　6　午前四時
7　午前六時

（立命館大）

5だ！　こういう問題が出るんだね。

ぜひチェックしておきましょう。

# 入試にチャレンジ9 呼応の副詞／判別

学習日 ／

**1** 空欄に入れるべき語として最も適当と思われるものを次の中から一つ選べ。

よもそれは蔵人《くらうど》になるべきものにはあら［　　］。

ア ばや　イ まし　ウ む　エ まほし　オ じ

（南山大）

**2** 傍線部の解釈として最も適当なもの一つを選べ。

さらにえ会ふこともなくて月ごろになりぬ。

①その上、会うこともできなくて、月も半ばになってしまった。
②ほとんど出会う機会もなく、一か月が経過してしまった。
③まったく出会うことができないままに、何か月もたってしまった。
④その上、探しにでかけることもできなくなって、何か月もたった。
⑤まったく何のてがかりもなく、一か月が経過してしまった。

（東京女子大）

**3**

傍線部の語句の意味を記せ。

「ゆめゆめ放つことなかれ」と教へて、

（滋賀大）

**4**

傍線部の意味として最も適切なものを次の中から選べ。

それがしに、そのことな聞かせそ。

ア　あの人に、そのことを伝えない方がよかろう。
イ　彼には、そのことをよくいい聞かせてくれ。
ウ　誰それには、そのことを話すなよ。
エ　私に、そのことを聞いてくださいよ。

（早稲田大）

5

傍線部の現代語訳として最適なものを次の中から一つ選べ。

光る物さらになく、また怪しむべきを見ず。

ア　もはやなく
イ　そこにはなく
ウ　まったくなく
エ　もちろんなく
オ　そうはいってもなく

（早稲田大）

6

傍線部に呼応する語として、最も適当と思われるものを次の中から一つ選べ。

つゆ心も得で見るに、

①心　②も　③得　④で　⑤見る　⑥に

（立命館大）

7 傍線部と文法的に同じものを次の①〜⑤の中から一つ選べ。

水無瀬殿おぼし出《い》づるも夢のやうになん。

①母北の方、同じ煙にのぼりなんと泣きこがれ給ひて（源氏物語）
②萎えたるきぬを顔に押しあてて臥《ふ》し給へりとなん（源氏物語）
③小倉山峰のもみぢ葉心あらば今一たびの御幸《みゆき》待たなん（拾遺和歌集）
④あなうらやまし、などか習はざりけんと言ひてありなん（徒然草）
⑤予が趣向は、なほ二三等もくだり侍りなん（去来抄）

（専修大）

8 傍線部と同じ用法の「なむ」を次の中から一つ選べ。

とりべ山たにに煙のもえ立たばはかなく見えしわれと知らなむ

①参り給はむ事をのみなむおぼし急ぐめれば、（源氏物語）
②亭子《ていじ》の帝《みかど》、今はおりゐ給ひなむとするところ（大和物語）
③今はいかにもいかにもかけて言はざらなむ。（源氏物語）
④わが宿の花橘《たちばな》の何時《いつ》しかも珠《たま》に貫《ぬ》くべくその実なりなむ（万葉集）
⑤何ごと言ふぞ。おひらかに死にたまひね。まろも死なむ。（源氏物語）

（愛知大）

**9**

傍線部と同じ用法のものを次から一つ選べ。

「…今は帰りなむ」とて立ちたまふも、

①惟光《これみつ》とく参らなむと思す
②さてなむあてなる人に心つけたりける
③今ひとたびの御幸待たなむ
④暁にはとくおりなむといそがる
⑤みなの瀬川に潮満つなむか

（立教大）

**10**

次の中から一つだけ違うものを選べ。

イ　ありなしをだに知らるべきにもあらぬに、
ロ　まだ知らぬ人のありける
ハ　とみに立つべくもあらぬほど
ニ　まばゆかりぬべかりけり

（立教大）

**11** 傍線部「ね」の文法的説明として最適なものを次の中から選べ。

「中納言の君や、こちへまゐりたまひね」といふ声につきて、

①念押しの終助詞　②呼びかけの終助詞
③完了の助動詞　④打消の助動詞

（神奈川大）

**12** a〜dの「る」の説明として最も適当なものはどれか。それぞれ一つ選べ（同じ記号を何度選んでもよい）。

（成蹊大）

・軒にこたふaる玉水の音
・霞《かす》めbる空
・ありがたかcるべきぞかし。
・理《ことわ》りをも知りたまへdるなるべし。

ア　動詞の終止形の活用語尾
イ　動詞の連体形の活用語尾の一部
ウ　形容詞の連体形の活用語尾の一部
エ　受身・可能・自発・尊敬の助動詞「る」の終止形
オ　完了・存続の助動詞「り」の連体形

| a | c |
|---|---|
| b | d |

13

傍線部と文法上同一のものはどれか。

ここにもの思はしき人の月日を隔て給へらむほどをおぼしやるに、

①思はむ子を法師になしたらむこそ、心苦しけれ。
②罪や得らむと思ひながら、またうれし。
③生けらむほどは武に誇らず。
④おのづから御目離るるをりも侍りつらむ。

（日本大）

14

傍線部a〜dの「らむ」のうちには一つだけ他と異なるものがある。それはどれか。

・世の人の思ふaらむところも口惜しう思しわたるに、
・さもあらざbらむ、…広くおもしろき宮賜りたまへるを繕ひて住ませたてまつcらむ、
・おのづからおろかに人の見咎《とが》むることもあdらむが、

①a　②b　③c　④d

（早稲田大）

15 傍線a～d「に」の文法上の説明として最も適当なものを次の中から一つずつ選べ。（西南学院大）

・親は死aにければ、…むかしのごとくbにもあらず、

・かぎりなくよろこびて負はれcにけり。…その山にはるばると入りて、高き山の峰の、おり来べくもあらぬdに、置きて逃げて来ぬ。

①完了の助動詞　②断定の助動詞　③接続助詞　④格助詞　⑤動詞の活用語尾

| a | b | c | d |
|---|---|---|---|
| | | | |

## 解答解説

1 オ

「よも」と呼応するのは「じ」でしたね。

現代語訳　決してその人は蔵人になるべき者では［ない］。

2 ③

「さらに」（全く）と「え」（できない）を訳す必要があります。ちなみに「月ごろ」は「何か月も」という意味です。チェックしておきましょう。

現代語訳　全く会うこともできないまま数か月になってしまった。

3 (例)決して

「ゆめゆめ」は「全く・決して」等の意味で打消や禁止と呼

応しますが、ここでは「放つことなかれ」という禁止表現との呼応ですから、「決して」が妥当です。
現代語訳　「決して放してはいけない」と教えて、

**4**　ウ
「な〜そ」が禁止の意味であることを踏まえるとウが選べます。ちなみに「それがし」は「誰それ」という不特定の人を指す意味と「私」という意味があります。参考までに。
現代語訳　誰それに、そのことを聞かせるなよ。

**5**　ウ
「さらに〜打消」は「全く〜ない」でしたね。
現代語訳　光る物は全くなく、また怪しむべき物も見ない。

**6**　④
「つゆ」は打消表現と呼応するのですから、打消の助詞である④が正解です。
現代語訳　少しも理解できないで見ると、

**7**　②
この「なん」は係助詞で、結びは省略されています。そのことに気づきさえすれば正解できます。係助詞「なん」の結びが省略されているのは②です。

---

現代語訳　水無瀬殿（の別荘）を思い出しなさるが夢のようで（ある）。
①母の北の方は、同じ煙になって昇ってしまおうと泣き恋しがりなさって
②柔らかくなった着物を顔に押し当ててうつぶしていらっしゃったとか
③小倉山の峰の紅葉に心があるならば、もう一度天皇がおいでになるのを待っていてほしい。
④ああうらやましい、どうして習わなかったのだろうと言っておくのがよい
⑤私の趣向は、さらに二、三段も下回るでしょう

**8**　③
傍線部の未然形＋「なむ」の形と同じ形なのは③だけですね。願望の終助詞です。
現代語訳　（火葬をする）鳥辺山の谷に煙が燃え立ったならば、頼りなく見えた私だと思ってほしい。
①参上なさろうということだけをお思いになり急ぐようで、

②亭子の帝が、まさに今天皇の位を降りてしまわれようとするとき

③今はどうしてもどうしても決して言わないでほしい。

④私の家の庭の花橘はいつになったらその実を貫いて薬玉にすることができるだろうか。

⑤何を言うのか。心おだやかに死になさいよ。私も死のう。

**9** ④

傍線部は連用形＋「なむ」の形です。同じ形を探すと④が選べます。

現代語訳 「…もう帰ろう」と言って立ちなさるけれど、

①惟光がはやく参上すればいいのにとお思いになる

②そのようにして高貴な人に思いを寄せたのだった

③もう一度天皇がおいでになるのを待っていてほしい

④夜明けにははやく退出してしまおうとつい急ぐ

⑤みなの瀬川に潮が満ちているだろうか

**10** ニ

イ・ロ・ハは未然形に接続していますが、ニだけが連用形に接続しています。

現代語訳 イ 生きているかいないかでさえ知られるべきではないのに、

ロ まだ知らない人がいた

ハ すぐに立ちそうでもないとき

ニ まぶしかったことだろうなあ

**11** ③

「たまひ」が連用形ですから、「ね」は完了の「ぬ」の命令形と考えられます。

現代語訳 「中納言さんよ、きっとこちらへ参上してください」と言う声にしたがって、

**12** a：イ／b：オ／c：ウ／d：オ

aは動詞「こたふ」の連体形の一部です。bとdはe段についているので完了。cは形容詞「ありがたし」の補助活用連体形の一部です。

現代語訳 ・軒に響く玉水の音

# 1 品詞の種類

本冊20ページ

<table>
<tr><td rowspan="10">単語</td><td rowspan="8">自立語</td><td rowspan="3">活用する</td><td rowspan="3">用言</td><td colspan="2">動作を表す</td><td>動詞</td></tr>
<tr><td colspan="2">性質や状態を表す（終止形の語尾が「し」「じ」）</td><td>形容詞</td></tr>
<tr><td colspan="2">性質や状態を表す（終止形の語尾が「なり」「たり」）</td><td>形容動詞</td></tr>
<tr><td rowspan="5">活用しない</td><td colspan="3">体言</td><td>名詞</td></tr>
<tr><td colspan="2" rowspan="2">修飾語</td><td>用言を修飾する</td><td>副詞</td></tr>
<tr><td>体言を修飾する</td><td>連体詞</td></tr>
<tr><td colspan="2" rowspan="2">非修飾語</td><td>接続する</td><td>接続詞</td></tr>
<tr><td>接続しない</td><td>感動詞</td></tr>
<tr><td rowspan="2">付属語</td><td colspan="4">活用する</td><td>助動詞</td></tr>
<tr><td colspan="4">活用しない</td><td>助詞</td></tr>
</table>

# 2 動詞の活用表（正格活用）

| 種類 | 例語 | 語幹 | 未然形 | 連用形 | 終止形 | 連体形 | 已然《いぜん》形 | 命令形 |
| --- | --- | --- | --- | --- | --- | --- | --- | --- |
| 四段 | 思ふ | おも | は | ひ | ふ | ふ | へ | へ |
| 上二段 | 起く | お | き | き | く | くる | くれ | きよ |
| 下二段 | 覚ゆ | おぼ | え | え | ゆ | ゆる | ゆれ | えよ |
| 上一段 | 着る | （き） | き | き | きる | きる | きれ | きよ |
| 下一段 | 蹴る | （け） | け | け | ける | ける | けれ | けよ |
| 活用の見分け方（下につく主な語） | | | ～ズ | ～タリ | ～。 | ～トキ | ～ドモ | ～！ |

本冊24ページ

3

# 動詞の活用表（変格活用）

| 種類 | ナ行変格 | ラ行変格 | カ行変格 | サ行変格 | 活用の見分け方（下につく主な語） |
|---|---|---|---|---|---|
| 例語 | 死ぬ | あり | 来《く》 | 為《す》 | |
| 語幹 | し | あ | （く） | （す） | |
| 未然形 | な | ら | こ | せ | ～ズ |
| 連用形 | に | り | き | し | ～タリ |
| 終止形 | ぬ | り | く | す | ～。 |
| 連体形 | ぬる | る | くる | する | ～トキ |
| 已然形 | ぬれ | れ | くれ | すれ | ～ドモ |
| 命令形 | ね | れ | こ（こよ） | せよ | ～！ |

➊本冊28ページ

## 4 形容詞の活用表

| 種類 | 例語 | 語幹 | 未然形 | 連用形 | 終止形 | 連体形 | 已然形 | 命令形 |
| --- | --- | --- | --- | --- | --- | --- | --- | --- |
| ク活用 | よし | よ | から | く<br>かり | し | き<br>かる | けれ | かれ |
| シク活用 | 美し | うつく | しから | しく<br>しかり | し | しき<br>しかる | しけれ | しかれ |
| 下につく主な語 | | | 〜ズ | 〜ナル<br>〜キ | 〜。 | 〜トキ<br>〜ベシ | 〜ドモ | 〜！ |

本冊30ページ

## 5 形容動詞の活用表

| 種類 | 例語 | 語幹 | 未然形 | 連用形 | 終止形 | 連体形 | 已然形 | 命令形 |
| --- | --- | --- | --- | --- | --- | --- | --- | --- |
| ナリ活用 | 静かなり | しづか | なら | なり<br>に | なり | なる | なれ | なれ |
| タリ活用 | 堂々たり | だうだう | たら | たり<br>と | たり | たる | たれ | たれ |
| 下につく主な語 | | | 〜ズ | 〜キ<br>〜ナル | 〜。 | 〜トキ<br>〜ベシ | 〜ドモ | 〜！ |

本冊32ページ

## 6 音便の種類

本冊34ページ

| | |
|---|---|
| イ音便 | i段の音が「い」に変化する。<br>例 抱きて↓抱いて<br>美しき人↓美しい人 |
| ウ音便 | 「く」「ぐ」「ひ」「び」「み」などの音が「う」に変化する。<br>例 負ひて↓負うて<br>強くて↓強うて |
| 撥音便《はつおんびん》 | i段・u段の音が「ん」に変化する。<br>例 飛びて↓飛んで<br>うれしかるべし↓うれしかんべし |
| 促音便《そくおんびん》 | 「ち」「ひ」「り」などの音が「つ」に変化する。<br>例 立ちて↓立つて<br>渡りて↓渡つて |

## 7 語幹用法

本冊34ページ

| | |
|---|---|
| あな＋語幹 | 感動の表現（ああ～だなあ）<br>例 あなかま（ああやかましいなあ） |
| 語幹＋の＋名詞 | 感動の表現（～だなあ）<br>例 にくの男や（気に入らない男だなあ） |
| 語幹＋み | 原因・理由を表す（～ので）<br>＊形容詞のみの用法で、和歌のみで使われる。<br>例 早み（早いので） |

# 9 助動詞　る・らる

| 基本 | 未然 | 連用 | 終止 | 連体 | 已然 | 命令 |
|---|---|---|---|---|---|---|
| る | れ | れ | る | るる | るれ | れよ |
| らる | られ | られ | らる | らるる | らるれ | られよ |

接続：る＝四段・ナ変・ラ変の未然形／らる＝四段・ナ変・ラ変以外の未然形

●意味は「ウソ家事」で覚える。

**ウ「受身」**（〜られる）
**ソ「尊敬」**（〜なさる）
**カ「可能」**（〜できる）
**ジ「自発」**（つい〜れる）

本冊46ページ

**判別のめやす**

人に—る・らる→受身
貴人—る・らる→尊敬
知覚・心情—る・らる→自発
打消・反語—る・らる→可能

## 10 助動詞　す・さす・しむ

本冊48ページ

| 基本 | 未然 | 連用 | 終止 | 連体 | 已然 | 命令 |
|---|---|---|---|---|---|---|
| す | せ | せ | す | する | すれ | せよ |
| さす | させ | させ | さす | さする | さすれ | させよ |
| しむ | しめ | しめ | しむ | しむる | しむれ | しめよ〔しめ〕 |

接続：未然形（す＝四段・ナ変・ラ変の未然形／さす＝四段・ナ変・ラ変以外の未然形）

●意味

「使役」（～させる）

「尊敬」（～なさる）

**判別のめやす**

「せ・させ＋給《たま》ふ（おはします）」➡ほぼ尊敬

「給ふ（おはします）」がない➡使役

（尊敬の補助動詞の前でなければ使役）

## 11 助動詞　ず

本冊50ページ

| 基本 | 未然 | 連用 | 終止 | 連体 | 已然 | 命令 |
|---|---|---|---|---|---|---|
| ず | ○ | 〔に〕 | 〔ぬ〕 | ぬ | ね | ○ |
| | ○ | ず | ず | ○ | ○ | ○ |
| | ざら | ざり | 〔ざり〕 | ざる | ざれ | ざれ |

接続：未然形

●意味

「打消」（～ない）

※助動詞の前につくときは「ざら・ざり・ざる・ざれ」の活用（補助活用）を用いる。

## 12 助動詞　む・むず

本冊56ページ

| 基本 | 未然 | 連用 | 終止 | 連体 | 已然 | 命令 |
|---|---|---|---|---|---|---|
| む（ん） | ○ | ○ | む（ん） | む（ん） | め | ○ |
| むず（んず） | ○ | ○ | むず（んず） | むずる（んずる） | むずれ（んずれ） | ○ |

接続：未然形

●「む」と「むず」はほぼ同じ意味。「スイカ買えって」で覚える。

**ス**「推量」（～だろう）　**カ**「仮定」（～としたら）

**イ**「意志」（～よう）　**エ**「婉曲」（～ような）

**カ**「勧誘」（～よう）　**テ**「適当」（～のがよい）

**判別のめやす**

一人称→意志／二人称→勧誘／
三人称→推量／体言の前→婉曲

## 13 助動詞　じ

本冊58ページ

| 基本 | 未然 | 連用 | 終止 | 連体 | 已然 | 命令 |
|---|---|---|---|---|---|---|
| じ | ○ | ○ | じ | じ | じ | ○ |

接続：未然形

●意味は「む」の打消と覚える。

「打消推量」（～ないだろう）

「打消意志」（～まい）

**判別のめやす**

一人称→打消意志
三人称→打消推量

## 14 助動詞　べし

↓本冊60ページ

| 基本 | 未然 | 連用 | 終止 | 連体 | 已然 | 命令 |
|---|---|---|---|---|---|---|
| べし | べから | べく〈べかり〉 | べし | べき〈べかる〉 | べけれ | ○ |

接続：終止形（ラ変には連体形）

●意味は「スイカとめて」で覚える。

**ス**　「推量」（〜だろう）
**イ**　「意志」（〜よう）
**カ**　「可能」（〜できる）
**ト**　「当然」（〜はずだ）
**メ**　「命令」（〜せよ）
**テ**　「適当」（〜のがよい）

## 15 助動詞　まじ

↓本冊64ページ

| 基本 | 未然 | 連用 | 終止 | 連体 | 已然 | 命令 |
|---|---|---|---|---|---|---|
| まじ | まじから | まじく〈まじかり〉 | まじ | まじき〈まじかる〉 | まじけれ | ○ |

接続：終止形（ラ変には連体形）

●意味は「べし」の打消と覚える。

「打消推量」（〜ないだろう）
「打消意志」（〜ないつもりだ）
「不可能」（〜できない）
「打消当然」（〜はずがない）
「禁止」（〜するな）
「不適当」（〜ないほうがよい）

会話文の言い切りの形で使う。

**判別のめやす**

一人称↓意志⇔打消意志／二人称↓適当・命令⇔不適当・禁止
三人称↓推量、打消があれば可能⇔打消推量、「え」があれば不可能

# 16 助動詞　まし

↓本冊72ページ

| 基本 | 未然 | 連用 | 終止 | 連体 | 已然 | 命令 |
|---|---|---|---|---|---|---|
| まし | 〔ませ〕<br>ましか | ○ | まし | まし | ましか | ○ |

接続：未然形

●意味

「反実仮想」（もし〜たならば、…ただろうに）

「願望」（〜たらよかったのに）

「ためらいの意志」（〜ようかどうしようか）

「推量」（〜だろう）

**判別のめやす**

「ましかば」「ませば」「せば」を伴う➜反実仮想／「や」「か」「いかに」「なに」などを伴う➜ためらいの意志／それ以外➜実現できなさそうなら願望、実現できそうなら推量

# 17 助動詞　たし・まほし

↓本冊75ページ

| 基本 | 未然 | 連用 | 終止 | 連体 | 已然 | 命令 |
|---|---|---|---|---|---|---|
| たし | たから | たく<br>〈たかり〉 | たし | たき<br>〈たかる〉 | たけれ | ○ |
| まほし | まほしから | まほしく<br>〈まほしかり〉 | まほし | まほしき<br>〈まほしかる〉 | まほしけれ | ○ |

接続：たし＝連用形／まほし＝未然形

●「たし」と「まほし」はほぼ同じ意味。

「希望」（〜たい）

## 18 助動詞 き

➜本冊76ページ

| 基本 | 未然 | 連用 | 終止 | 連体 | 已然 | 命令 |
|---|---|---|---|---|---|---|
| き | 〔せ〕 | ○ | き | し | しか | ○ |

接続：連用形（カ変・サ変は特殊接続）

●意味

「体験過去」（〜た）

## 19 助動詞 けり

➜本冊76ページ

| 基本 | 未然 | 連用 | 終止 | 連体 | 已然 | 命令 |
|---|---|---|---|---|---|---|
| けり | 〔けら〕 | ○ | けり | ける | けれ | ○ |

接続：連用形

●意味

「伝聞過去」（〜たそうだ）

「詠嘆」（〜なあ）

**判別のめやす**

和歌の「けり」➜詠嘆

会話の「けり」➜詠嘆の可能性大

## 20 助動詞 つ・ぬ

↓本冊78ページ

| 基本 | 未然 | 連用 | 終止 | 連体 | 已然 | 命令 |
|---|---|---|---|---|---|---|
| つ | て | て | つ | つる | つれ | てよ |
| ぬ | な | に | ぬ | ぬる | ぬれ | ね |

接続：連用形

● 「つ」と「ぬ」はほぼ同じ意味。

「完了」（〜た）

「強意」（きっと〜）

**判別のめやす**

連用形につく「ぬ」➡完了・強意

終止形の「ぬ」➡完了・強意

未然形につく「ぬ」➡打消「ず」の連体形

体言の前の「ぬ」➡打消「ず」の連体形

## 21 助動詞 り・たり

↓本冊88ページ

| 基本 | 未然 | 連用 | 終止 | 連体 | 已然 | 命令 |
|---|---|---|---|---|---|---|
| り | ら | り | り | る | れ | れ |
| たり | たら | たり | たり | たる | たれ | たれ |

接続：り＝四段の已然形・サ変の未然形／たり＝連用形

● 「り」と「たり」はほぼ同じ意味。

「完了」（〜た）

「存続」（〜ている）

**判別のめやす**

e段につく「ら・り・る・れ」は完了・存続

⇔

a段につく「る・れ」は受身・尊敬・自発・可能の可能性あり

## 22 助動詞　なり・めり

本冊90ページ

| 基本 | 未然 | 連用 | 終止 | 連体 | 已然 | 命令 |
|---|---|---|---|---|---|---|
| なり | ○ | なり | なり | なる | なれ | ○ |
| めり | ○ | めり | めり | める | めれ | ○ |

接続：終止形（ラ変には連体形）

●「なり」と「めり」は似た意味なのでまとめて覚える。

**「推定」**（～ようだ）
**「伝聞」**（～そうだ）※「なり」のみ
**「婉曲」**（～ようだ）※「めり」のみ

※音便に注意。
多かるめり ― 多かんめり（表記：多かめり）
あるめり ― あんめり（表記：あめり）
なるめり ― なんめり（表記：なめり）
あるなり ― あんなり（表記：あなり）
なるなり ― なんなり（表記：ななり）

## 23 助動詞　なり・たり

本冊92ページ

| 基本 | 未然 | 連用 | 終止 | 連体 | 已然 | 命令 |
|---|---|---|---|---|---|---|
| なり | なら | なり〈に〉 | なり | なる | なれ | なれ |
| たり | たら | たり〈と〉 | たり | たる | たれ | たれ |

接続：なり＝体言・連体形／たり＝体言

●「なり」と「たり」はほぼ同じ意味（断定）。

**「断定」**（～だ・～である）
**「存在」**（～にある・～にいる）※「なり」のみ

**判別のめやす**

体言・連体形につく「なり」は断定・存在 ⇔ 終止形（ラ変は連体形）につく「なり」は伝聞・推定

## 24 助動詞　らむ

本冊96ページ

| 基本 | 未然 | 連用 | 終止 | 連体 | 已然 | 命令 |
| --- | --- | --- | --- | --- | --- | --- |
| らむ（らん） | ○ | ○ | らむ（らん） | らむ（らん） | らめ | ○ |

接続：終止形（ラ変には連体形）

● 時制が違うが「けむ」と意味が似ているので、まとめて覚える。

「現在推量」（〜ているだろう）

「現在の原因推量」（〜のだろう）

「現在の婉曲」（〜ような）

---

## 25 助動詞　けむ

本冊96ページ

| 基本 | 未然 | 連用 | 終止 | 連体 | 已然 | 命令 |
| --- | --- | --- | --- | --- | --- | --- |
| けむ（けん） | ○ | ○ | けむ（けん） | けむ（けん） | けめ | ○ |

接続：連用形

● 時制が違うが「らむ」と意味が似ているので、まとめて覚える。

「過去推量」（〜ただろう）

「過去の原因推量」（〜たのだろう）

「過去の婉曲」（〜たような）

**判別のめやす**

疑問の表現・「已然形＋ば」を伴う ➡ 原因推量／体言の前 ➡ 婉曲／それ以外 ➡ 推量

## 26 助動詞 らし

本冊94ページ

| 基本 | 未然 | 連用 | 終止 | 連体 | 已然 | 命令 |
| --- | --- | --- | --- | --- | --- | --- |
| らし | ○ | ○ | らし | らし〔らしき〕 | らし | ○ |

接続：終止形（ラ変には連体形）

●意味

「推定」（～らしい）

根拠のある推定

※音便に注意。

あるらし ― あんらし（表記：あらし）

けるらし ― けんらし（表記：けらし）

なるらし ― なんらし（表記：ならし）

## 27 助動詞 ごとし

本冊98ページ

| 基本 | 未然 | 連用 | 終止 | 連体 | 已然 | 命令 |
| --- | --- | --- | --- | --- | --- | --- |
| ごとし | ○ | ごとく | ごとし | ごとき | ○ | ○ |

接続：連体形・助詞「の」「が」

●意味

「同一・比況」（～のようだ）

「例示」（～のような）

# 28 重要助詞一覧

| 種類 | 語 | 主な意味・用法 | 接続 |
|---|---|---|---|
| 格助詞 | が の | ①主格（〜が）<br>例 人**の**あやしみ見る（人**が**あやしんで見る）<br>②連体修飾格（〜の）<br>例 梅**が**香（梅**の**香り）<br>③同格（〜で）<br>例 青き瓶《かめ》**の**大きなる（青い瓶**で**大きいもの）<br>④準体格（〜のもの）<br>例 人麻呂**が**なり（人麻呂**のもの**だ）<br>⑤連用修飾格（〜のように）<br>例 例**の**集まりぬ（いつも**のように**集まった） | 体言<br>連体形など |
| | を | 連用修飾格（〜を）<br>例 竹**を**取りつつ（竹**を**取っては） | 体言<br>体言に準ずる語 |
| | に | 連用修飾格（〜に・〜に比べて・〜で）<br>例 火**に**焼かむ（火**で**焼こう） | 体言<br>連体形 |
| | へ | 連用修飾格（〜へ・〜に・〜に向かって）<br>例 仁和寺《にんなじ》**へ**帰りて（仁和寺**に**帰って） | 体言 |
| | と | 連用修飾格（〜と）<br>例 形見**と**見たまへ（形見だ**と**思って見てください） | 体言<br>体言に準ずる語 |
| | より | 連用修飾格（〜より・〜によって・〜を通って）<br>例 前**より**ゆく水を（前**を通って**いく川を） | 体言<br>連体形 |
| | にて | 連用修飾格（〜で・〜において・〜にて・〜のために）<br>例 徒歩《かち》**にて**落ちけるが、（徒歩**で**逃げたが、） | 体言<br>連体形 |

本冊106〜117ページ

| 品詞 | 助詞 | 意味・用法 | 接続 |
|---|---|---|---|
| 格助詞 | して | 連用修飾格（〜して・〜によって・〜を使って・〜とともに）<br>例 一人二人**して**行きけり（一人二人**とともに**行った） | 体言<br>連体形など |
| | から | 連用修飾格（〜から・〜を通って）<br>例 花沖**から**咲きて（花が沖の方**から**咲いて） | 体言<br>連体形 |
| 接続助詞 | ば<br>（は） | ①未然形について順接仮定条件（もし〜ならば）<br>例 月の都の人のまうで来《こ》**ば**（月の都の人が**もし**参上して来た**ならば**）<br>②已然形について順接確定条件<br>A原因（〜ので）<br>例 少し遠かりければ（少し遠かった**ので**）<br>B偶然（たまたま〜たところ）<br>例 舟にて渡りぬれ**ば**（舟で渡っ**たところ**）<br>C恒常（〜といつも）<br>例 この子を見れ**ば**（この子を見る**といつも**） | ①未然形<br>②已然形 |
| | と<br>とも | 逆接仮定条件（〜ても・〜としても）<br>例 穂に出《い》でたり**と**（穂が出た**としても**）<br>千年を過ぐす**とも**（千年を過ごす**としても**） | 終止形<br>形容詞型の連用形など |
| | ど<br>ども | 逆接確定条件（〜だが・〜けれども）<br>例 まばゆけれ**ど**（恥ずかしい**が**）<br>あからさまと思ひしか**ども**（ほんのちょっとの間と思った**けれども**） | 已然形 |
| | て<br>して | 単純接続（〜て・〜して）<br>例 館《たち》より出で**て**（官舎から出**て**） | 連用形 |
| | で | 打消接続（〜ないで・〜なくて）<br>例 扇のにはあら**で**（扇のものでは**なくて**） | 未然形 |
| | つつ | 反復・継続（〜ては・〜し続けて）・同時（〜ながら）<br>例 参り**つつ**（お参りし**ては**） | 動詞・助動詞の連用形 |

| 分類 | 助詞 | 意味・用法 | 接続 |
| --- | --- | --- | --- |
| 接続助詞 | ながら | 同時・状態（～ながら・～のままで）<br>例 入り**ながら**（入った**ままで**）<br>逆接確定条件（～だが）<br>例 いやし**ながら**（身分は低い**が**） | 体言<br>動詞の連用形<br>形容詞・形容動詞の語幹<br>など |
| | に<br>を | 順接確定条件（～ので・～から・～すると・～したところ）<br>例 申しし**を**（申し上げた**ところ**）<br>逆接確定条件（～だが・～けれども）<br>例 待つ**に**（待つ**のだが**） | 連体形 |
| 副助詞 | **だに** | ①類推（～でさえ）<br>例 麓のほど**だに**（麓のほう**でさえ**）<br>②限定・最小限願望（せめて～だけでも）<br>例 香を**だに**残せ（**せめて**香り**だけでも**残してくれ） | 様々な語 |
| | **さへ** | 添加（～までも）<br>例 雁《かり》の数**さへ**（雁の数**までも**） | |
| | **すら** | 類推（～でさえ）<br>例 聖《ひじり》など**すら**（聖人など**でさえも**） | |
| | し<br>しも | 強意（訳さなくてもよい）<br>★「なんとまあ！」「まあ！」というニュアンス。<br>例 折**しも**（**ちょうど**そのとき） | |
| | のみ | 限定（～だけ）<br>例 月はくまなきを**のみ**（月は陰りのない満月**だけ**を） | |
| | ばかり<br>まで | 限定（～だけ）・程度（～ぐらい）<br>例 ちぎる**ばかり**に（ちぎる**ぐらい**に） | |
| | など | 例示・引用（～など・～などと）<br>例 虫の音**など**（虫の声**など**） | |
| 終助詞 | **なむ** | 願望（～てほしい）<br>例 散らずもあら**なむ**（散らない**でほしい**） | 未然形 |

| 種類 | 助詞 | 意味・用例 | 接続 |
|---|---|---|---|
| 終助詞 | ばや | 願望（〜たい）<br>例 見奉ら**ばや**（拝見し**たい**） | 未然形 |
| 終助詞 | にしがな<br>てしがな | 願望（〜たい）<br>例 得**てしがな**（手に入れ**たい**） | 連用形 |
| 終助詞 | もがな<br>がな | 願望（〜であればいいのになあ）<br>例 さらぬ別れのなく**もがな**（死別がなけれ**ばいいのになあ**） | 体言など |
| 終助詞 | な | 禁止（〜するな）<br>例 人に聞かす**な**（人に聞かせる**な**） | 終止形（ラ変には連体形） |
| 終助詞 | そ | 禁止（〜するな）<br>例 忘れ**そ**（忘れる**な**） | 連用形（カ変・サ変には未然形）など |
| 終助詞 | かし | 念押し（〜ね・〜よ）<br>例 入りね**かし**（入ってしまえ**よ**） | 言い切り |
| 終助詞 | かな | 詠嘆（〜だなあ）<br>例 うれしくものたまふもの**かな**（うれしいことをおっしゃるもの**だなあ**） | 体言<br>連体形 |
| 係助詞 | ぞ<br>なむ | 強意（訳さなくてよい）<br>例 水**ぞ**まづこほりける（水がまず凍ったことだ）<br>心**なむ**まさりたりける（心が**とりわけ**すぐれていたのだった） | 様々な語 |
| 係助詞 | や<br>（やは）<br>か<br>（かは） | ①疑問（〜か）<br>例 風**や**とくらむ（風がとかす**のだろうか**）<br>雲**か**隠せる（雲が隠した**のだろうか**）<br>②反語（〜か、いや違う）<br>例 人**や**知る（人が知る**だろうか、いや知らない**）<br>いづれ**か**歌を詠まざりける（どれが歌を詠まなかった**だろうか、いや詠まないものはなかった**） | 様々な語 |

| | | | |
|---|---|---|---|
| 係助詞 | こそ | ①強意（訳さなくてもよい）<br>例 竜のしわざに**こそ**あれ（竜のしわざだったのだ）<br>②こそ―已然形<br>強意逆接（～だが・～けれども）<br>例 中垣**こそ**あれ（垣根はある**けれども**） | 様々な語 |
| | も | ①並立（～も）<br>例 濃き**も**薄き**も**（色の濃いの**も**薄いの**も**）<br>②懸念（～と困る・～と大変だ）<br>例 雨**も**ぞ降る（雨が降る**と困る**） | |
| 間投助詞 | や よ | ①呼びかけ（～よ・～ね）<br>例 朝臣**や**（朝臣**よ**）<br>少納言**よ**（少納言**よ**）<br>②詠嘆（～よ・～だなあ）<br>例 いと寒し**や**（とても寒い**なあ**）<br>まねぶらむ**よ**（まねをするとかいう**よ**） | 文節の切れめなど |
| | を | ①整調（訳さなくてよい）<br>例 見つけて**を**（見つけて**ね**）<br>②「～を…み」（～が…ので）<br>例 瀬**を**早**み**（川の流れ**が**早い**ので**） | 様々な語 |
| | こそ | 呼びかけ（～さん・～よ）<br>例 北殿**こそ**（北殿**さん**） | 人の名前など |

## 29 敬語の種類

| | |
|---|---|
| 尊敬語 | 主語（動作する人）を高める語。 |
| 謙譲語 | 目的語（動作される人）を高める語。 |
| 丁寧語 | 読み手や聞き手を高める語。 |

●敬語は入試頻出。特によく出題されるものに次の二つがある。

「**せ・させ給ふ**」…最高敬語（二重尊敬）か使役＋尊敬かを問う。

※最高敬語とは、天皇やそれに準ずる人に用いられる敬意の高い表現。

「**謙譲語＋尊敬語**」…二方面の敬語の敬意の方向を問う。

※二方面の敬語とは、一つの動作に、目的語への敬意と主語への敬意の両方が表される表現。

〈敬語の仕組み〉

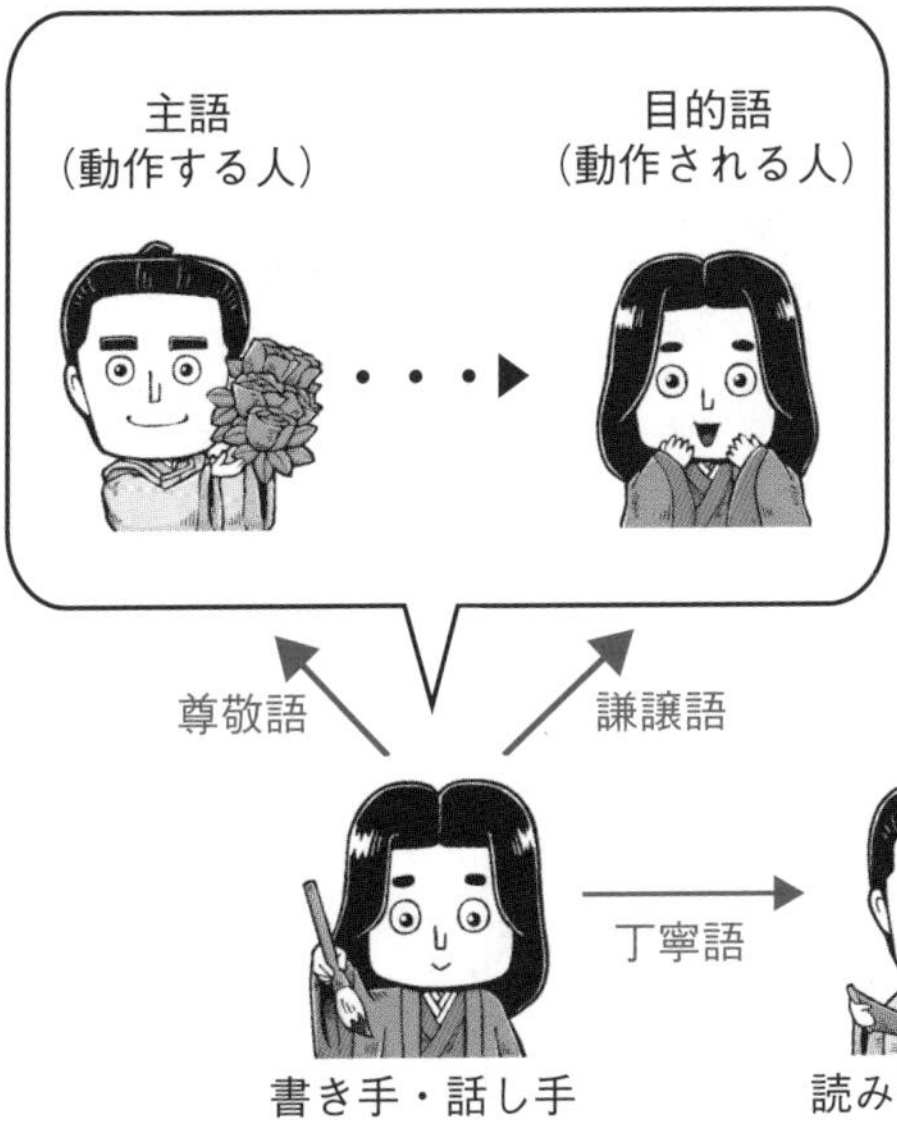


本冊128ページ

## 30 尊敬語

➡本冊130ページ

| 種類 | 語 | 訳 | 普通の語 |
|---|---|---|---|
| 接頭語 | 御（み・おほみ・お・ほむ・おん・ご） | お〜 | |
| 接尾語 | 殿 君 達 上 卿《きやう》 | 〜様など（人物に敬称として添える） | |
| 本動詞 | 給ふ〈四段〉（たうぶ・たぶ）<br>たまはす | お与えになる・くださる | 与ふ・授く |
| | おはす<br>おはします<br>まします<br>ます<br>います<br>いますがり | いらっしゃる・おでましになる | あり／行く・来 |
| | のたまふ<br>のたまはす<br>仰《おほ》す | おっしゃる | 言ふ |
| | 思《おぼ》す<br>おぼしめす | お思いになる | 思ふ |
| | 御覧ず | ご覧になる | 見る |

| 種類 | 語 | 訳 | 普通の語 |
|---|---|---|---|
| 本動詞 | 召す | お呼びになる<br>召し上がる<br>お召しになる<br>お乗りになる | 呼ぶ<br>食ふ・飲む<br>着る<br>乗る |
| | きこしめす<br>きこす | お聞きになる<br>召し上がる | 聞く<br>食ふ・飲む |
| | しろしめす<br>しろす | 知っていらっしゃる<br>お治めになる | 知る<br>治む |
| | おほとのごもる | おやすみになる・お眠りになる | 寝《ぬ》・寝《い》ぬ |
| | あそばす | なさる<br>お詠みになる<br>お遊びになる | す<br>詠む<br>遊ぶ |
| | 参る | 召し上がる | 食ふ・飲む |
| | 奉る | お召しになる<br>お乗りになる<br>召し上がる | 着る<br>乗る<br>食ふ・飲む |
| 補助動詞 | 給ふ〈四段〉（たうぶ・たぶ） | 〜なさる・お〜になる | |
| | おはす<br>おはします<br>まします<br>ます | 〜て（で）いらっしゃる | |
| 助動詞 | る<br>らる | 〜なさる・お〜になる | |
| | す<br>さす<br>しむ<br>＊尊敬の補助動詞を伴って最高敬語となる | 〜なさる・お〜になる | |

## 31 謙譲語

本冊132ページ

| 種類 | 語 | 訳 | 普通の語 |
|---|---|---|---|
| 接頭語 | 拝 | 拝～する | |
| 本動詞 | 奉る<br>参らす<br>参る | 差し上げる | 与ふ |
| 本動詞 | たまはる<br>給ふ〈下二段〉 | いただく | 受く・もらふ |
| 本動詞 | 申す<br>聞こゆ<br>聞こえさす | 申し上げる | 言ふ |
| 本動詞 | 奏す | 天皇に申し上げる | 言ふ |
| 本動詞 | 啓す | 皇族に申し上げる | 言ふ |
| 本動詞 | 参る／まうづ | 参上する・参詣する | 行く・来 |
| 本動詞 | まかる／まかづ | 退出する | 行く・来 |
| 本動詞 | 侍り<br>候《さぶら》ふ（さうらふ） | お仕え申し上げる | 仕ふ |
| 本動詞 | つか(う)まつる | お仕え申し上げる<br>し申し上げる | 仕ふ<br>す |
| 補助動詞 | 給ふ〈下二段〉 | ～させていただく・～ております | |
| 補助動詞 | 申す<br>聞こゆ<br>聞こえさす<br>参らす<br>奉る | ～し申し上げる | |

## 32 丁寧語

本冊134ページ

| 種類 | 語 | 訳 | 普通の語 |
|---|---|---|---|
| 本動詞 | 侍り<br>候ふ（さうらふ） | ございます・あります | あり・をり |
| 補助動詞 | 侍り<br>候ふ（さうらふ） | ～です・～ます | |

※「侍り」「候ふ」は、謙譲語の場合もあるので要注意。

## 33 重要掛詞一覧

本冊150ページ

| 掛詞 | 主な意味の組み合わせ |
|---|---|
| あき | 秋／飽き |
| あふ | 逢ふ／逢坂《あふさか》 |
| う | 浮く／憂し／宇治 |
| かる | 枯る／離《か》る |
| すむ | 住む／澄む |
| ながめ | 長雨《ながめ》／眺め |
| ひ | 火／思ひ |
| ふみ | 文／踏み |
| ふる | 降る／古《ふ》る／振る／経《ふ》る |
| まつ | 松／待つ |
| み | 身／実 |
| みる | 見る／海松《みる》 |
| みをつくし | 身を尽くし／澪標《みをつくし》 |
| よ | 夜／世 |

## 34 重要枕詞一覧

本冊154ページ

| 枕詞 | 導く言葉 |
|---|---|
| あかねさす | 日／昼／紫／君 |
| あしひきの | 山／峰《を》／岩 |
| あづさゆみ | 張る／引く／射る |
| あらたまの | 年／月／日／春 |
| あをによし | 奈良 |
| からころも | 着る／裁《た》つ |
| くさまくら | 旅／結ぶ／露 |
| くれたけの | 節《よ》／夜／世／節《ふし》／伏し |
| しきしまの | 大和《やまと》 |
| しろたへの | 衣／袖／雪／雲 |
| たらちねの | 母／親 |
| ちはやぶる | 神／宇治 |
| とりがなく | 東《あづま》 |
| ぬばたまの | 黒／髪／夜／月／夢 |
| ひさかたの | 光／空／天《あめ》／日／月 |
| わかくさの | 妻 |

# 35 呼応の副詞一覧

| 呼応の種類 | 副詞 | 呼応する語 | 意味 |
|---|---|---|---|
| 打消と呼応 | あへて<br>おほかた<br>かけて<br>さらに<br>すべて<br>たえて<br>つやつや<br>ゆめゆめ<br>つゆ<br>よに | 打消（ず・じ） | 全く～ない・決して～ない |
| | をさをさ | | ほとんど～ない |
| | いと | | たいして～ない |
| | よも | | まさか～まい |
| | いたく | | たいして～ない |
| | え | | ～できない |

| 呼応の種類 | 副詞 | 呼応する語 | 意味 |
|---|---|---|---|
| 禁止と呼応 | な | 禁止（そ） | ～するな |
| | ゆめゆめ<br>ゆめ<br>かまへて | 禁止（な・べからず） | 決して～するな |
| 願望と呼応 | いかで | 願望（ばや・もがな） | どうにかして～たい |
| | いつしか | | はやく～たい |

本冊162ページ

# 36 重要な判別

## ◎なり

↓本冊164ページ

| 判別のポイント | 種類 | 例 |
|---|---|---|
| 終止形＋なり | 伝聞・推定の助動詞「なり」 | まつ虫の声す**なり**（松虫（鈴虫）の声がする**ようだ**） |
| 体言・連体形＋なり | 断定の助動詞「なり」 | 月の都の人**なり**。（月の都の人**だ**。） |
| 状態・性質＋なり | 形容動詞（ナリ活用）の活用語尾「なり」 | あはれ**なり**。（しみじみと**趣がある**。） |
| 体言・連体形（＋助詞）＋なり | 動詞「なる」の連用形「なり」 | 鐘の音**なり**て（鐘の音が**鳴っ**て）<br>子の大きに**なり**ぬれば（子供が大きく**なっ**たので） |

## ◎なむ

↓本冊166ページ

| 判別のポイント | 種類 | 例 |
|---|---|---|
| 未然形＋なむ | 終助詞「なむ」 | 梅咲か**なむ**。（梅が咲い**てほしい**。） |
| 連用形＋なむ | 完了・強意の助動詞「ぬ」の未然形「な」＋推量・意志の助動詞「む」 | 髪もいみじく長くなり**なむ**。（髪も**きっと**大変長くなる**だろう**。） |
| なむ＋連体形の文末 | 係助詞「なむ」 | 母**なむ**宮なりける。（母**は**皇族であった。） |

| 判別のポイント | 種類 | 例 |
|---|---|---|
| 動詞の語幹＋なむ | ナ変動詞の未然形活用語尾「な」＋推量・意志の助動詞「む」 | 春死**なむ**（春に死**のう**） |

## ◎ぬ・ね

本冊166ページ

| 判別のポイント | 種類 | 例 |
|---|---|---|
| 未然形＋ぬ＋体言 | 打消の助動詞「ず」の連体形「ぬ」 | 春の行方も知ら**ぬ**間に（春の進みようも知らな**い**うちに） |
| 連用形＋ぬ | 完了・強意の助動詞「ぬ」 | 竹を取ること久しくなり**ぬ**（竹を取るのが長い期間になっ**た**） |
| 動詞の語幹＋ぬ | ナ行動詞の活用語尾「ぬ」 | 死**ぬ**／去《い》**ぬ**／寝《い》**ぬ**／跳《は》**ぬ**　など。 |
| 未然形＋ね | 打消の助動詞「ず」の已然形「ね」 | 人の心すなほなら**ね**ば（人の心は素直では**ない**ので） |
| 連用形＋ね | 完了・強意の助動詞「ぬ」の命令形「ね」 | 絶えなば絶え**ね**（絶えるのなら絶え**てしまえ**） |
| 動詞の語幹＋ね | ナ行動詞の活用語尾「ね」 | 去**ね**／寝**ね**／跳**ね**　など。 |

## ◎る・れ

本冊168ページ

| 判別のポイント | 種類 | 例 |
|---|---|---|
| a段＋る | 受身・尊敬・自発・可能の助動詞「る」 | 物見る人にゆすりて笑は**る**。（見物の人にどっと笑わ**れる**。） |

| 判別のポイント | 種類 | 例 |
| --- | --- | --- |
| e段＋る | 完了・存続の助動詞「り」の連体形「る」 | 女のはけ**る**足駄《あしだ》にて（女の履い**た**足駄で） |
| a段＋れ | 受身・尊敬・自発・可能の助動詞「る」の未然形・連用形「れ」 | 故郷の花といふ題にてよま**れ**たりける歌一首（故郷の花という題で**お**詠み**になっ**た和歌一首） |
| e段＋れ | 完了・存続の助動詞「り」の已然形・命令形「れ」 | 思ひの外なる人の言へ**れ**ば、（意外な人が言っ**た**ので、） |

## ◎らむ

本冊168ページ

| 判別のポイント | 種類 | 例 |
| --- | --- | --- |
| u段＋らむ | 現在推量の助動詞「らむ」 | いかに心もとなくおぼす**らむ**。（さぞ気がかりにお思い**でいるだろう**。） |
| e段＋らむ | 完了・存続の助動詞「り」の未然形「ら」＋推量（婉曲）の助動詞「む」 | 生け**らむ**ほどは（生きて**いるような**間は） |
| 動詞の語幹＋らむ | ラ行動詞の未然形活用語尾「ら」＋推量・意志の助動詞「む」 | 今はまから**む**（今は退出いたしま**しょう**） |
| 形容詞の語幹＋か＋らむ | 形容詞の未然形活用語尾の一部「ら」＋推量の助動詞「む」 | よしなか**らむ**人（つまらないような人） |
| ざ＋らむ | 打消の助動詞「ず」の未然形「ざら」＋推量の助動詞「む」 | あらざ**らむ**この世（存在しつづけないだろうこの世） |

# ◎に

本冊170ページ

| 判別のポイント | | 種類 | 例 |
|---|---|---|---|
| 「なり」に置き換えられる | 状態・性質＋に | 形容動詞の活用語尾「に」 | きよげ**に**／きよら**に**／たからか**に**／あはれ**に**　など。 |
| | 体言・連体形＋に | 断定の助動詞「なり」の連用形「に」 | もとの水**に**あらず。（もとの水**で**はない。） |
| 「なり」に置き換えられない | 体言・連体形＋に | 格助詞・接続助詞の「に」 | 比叡《ひえ》の山**に**児《ちご》ありけり。（比叡山《ひえいざん》**に**少年がいた。） |
| | 連用形＋に | 完了の助動詞「ぬ」の連用形「に」 | つひに本意《ほい》のごとくあひ**に**けり。（とうとう願い通りに結婚し**た**。） |
| | 分解できない | 副詞の一部 | すで**に**／かたみ**に**／さら**に**　など。 |
| | 「死」・「去」＋に | ナ変動詞の連用形活用語尾「に」 | |

Obunsha